DAS LEBEN IST VOR DEM
12. UND NACH DEM
65. LEBENSJAHR AM BESTEN

DAS LEBEN IST VOR DEM 12. UND NACH DEM 65. LEBENSJAHR AM BESTEN

109 HILFREICHE UND HUMORVOLLE RATSCHLÄGE FÜR GLÜCKLICHE RENTNER

DAG SEBASTIAN AHLANDER

Lifestyle
BUSSE
SEEWALD

In Erinnerung an meinen Großvater Erik Tham,
einem wirklich glücklichen Rentner

Aus dem Schwedischen von Kerstin Schöps

109 GUTE RATSCHLÄGE, UM DEN LETZTEN GIPFEL DES LEBENS ZU ERKLIMMEN

VOR ETWA ZWEI JAHREN bin ich in Rente gegangen – nachdem ich dem schwedischen Arbeitsmarkt 39 Jahre, 11 Monate und 7 Tage zur Verfügung gestanden hatte. Seitdem gehört meine Zeit mir ganz allein. Seitdem dreht sich mein Leben nur noch um *after work*.

Ich bin zufrieden. Zufrieden, dass ich in meinem Leben endlich alles selbst bestimmen darf, dass ich alle Energien bündeln kann, die bisher noch nie genutzt wurden. Ich hoffe, dass ich noch zehn gute Jahre vor mir haben werde. Aber man weiß ja nie, wie es kommt, und darum gilt es, jeden Tag wohlbedacht zu nutzen.

Um ein glücklicher Rentner zu werden, habe ich als Erstes alle positiven Ereignisse aufgelistet, die mir in meinem Leben passiert sind. Das erwies sich als äußerst wertvolle Übung, denn es hat mich nicht nur beschwingt, sondern auch ziemlich überrascht, wie gut das Leben bisher zu mir war. Allem voran gehören dazu meine glückliche Ehe und meine zwei großartigen Töchter mit ihren Familien.

Seit meiner Geburt im Norbyvägen in Uppsala habe ich eine ganz schöne Strecke zurückgelegt. Ich war Generalkonsul und Botschafter des schwedischen Außenministeriums, bis ich in Rente ging, sowie Kinderbuchautor. Ich lebte in Washington, Nancy, Moskau, Nairobi, Genf, Sankt Petersburg und New York. Und ich durfte Zeuge der beiden größten historischen Ereignisse unserer Generation sein: dem Zusammenbruch der kommunistischen Herrschaft in der Sowjetunion und der Selbstständigkeit der baltischen Staaten. Das waren wahrlich die großen Abenteuer meines Lebens.

VIELLEICHT HÖRT SICH das für dich ein wenig zu glatt und sauber an und, ja, ich gebe zu, das ist es auch. Aber ich habe dich gewarnt: Du musst das Schöne und Gute sehen und alles andere vergessen. Das ist der einzige Weg, um ein glücklicher Rentner zu werden. Du musst mit deinem Schicksal Freundschaft schließen und das ändern, was noch zu ändern ist. Du musst das Vergnügen mehren und Freude am Alltag empfinden. Ich will glücklich sein – mit dieser Einstellung hat man meiner Meinung nach schon die halbe Strecke des Weges geschafft.

Glück heißt, ein Händchen für sein Schicksal zu haben.

Wir alle sollten auf unsere alten Tage versuchen, dieses Händchen in uns zu aktivieren. Darum ist es jetzt an dir, alle guten Ereignisse aufzuzählen, die dir bisher im Leben widerfahren sind!

So eine Inventur führt unweigerlich dazu, dass man etwas selbstverliebt, vielleicht sogar eingebildet klingt. Aber das ist unvermeidlich: Man hat schließlich nur sich selbst als Versuchskaninchen und als Blaupause. Wenn es mir gelingt, die dunklen Flecken in meiner Geschichte zu überwinden, macht mich das froh, und ich möchte andere daran teilhaben lassen. Das ist der Sinn meines Ratschlages.

Mir gelingt es übrigens keineswegs, immer meine eigenen Ratschläge zu befolgen. Aber mittlerweile merke ich sofort, wenn ich vom Weg abgekommen bin und wieder neu beginnen muss. Das ist ein großer Schritt nach vorn, denn vorn ist die einzig richtige Richtung.

UND PLÖTZLICH BEFINDEN WIR UNS AM GEGENÜBERLIEGENDEN UFER

DIE PENSIONIERUNG ist das letzte große Abenteuer im Leben. Es ist gleichzeitig die letzte große Herausforderung. Es ist einfacher, sein Leben zu gestalten, wenn die Zukunft noch in weiter Zukunft liegt. Aber es ist, wie es ist: Keiner von uns ist jemals zuvor alt gewesen, darum fällt es uns so schwer, damit umzugehen.

Alter ist nämlich kein Entwicklungsstadium, sondern nur eine andere Form von Verfall. Das macht die Herausforderung um ein Vielfaches größer. Wir müssen neue Schritte wagen, obwohl wir ganz genau wissen, wie es am Ende ausgehen wird. Darum sollten wir unseren Humor stärken und glückliche und gelassene Rentner werden.

Es gibt viele Aspekte im Leben, die Quellen von Zufriedenheit und Glück sein können. Wir werden mit jeder Generation älter und bleiben länger gesund. Die Lebenserwartung von Männern liegt in Schweden mittlerweile bei 80 Jahren, die von Frauen sogar bei 83,2 Jahren. In meiner Gemeinde sind die Werte noch höher, die Männer werden im Schnitt 83,1 Jahre alt und die Frauen 85,6 Jahre. Darum will ich auch nicht von hier fortziehen.

Heutzutage erreichen wir das „Alter“ etwa 10–15 Jahre später als früher. Die 75-Jährigen von heute sind die 65-Jährigen von gestern. Viele von uns können tatsächlich davon ausgehen, dass sie mit 65 noch etwa ein Drittel ihres Lebens vor sich haben werden.

ABER ZUERST MÜSSEN wir den Dingen auf den Grund gehen, die viele Männer meiner Generation davon abhalten, zufrieden alt zu werden. Für jene nämlich, die in den 1940er- und 1950er-Jahren geboren wurden, hatte der Vormarsch der Frauen auf dem Arbeitsmarkt zur Folge, dass viele ihrer Karrierepläne jäh durchkreuzt wurden. Der Wettkampf nahm deutlich zu. Viele Arbeitgeber bevorzugten bei der Besetzung von Stellen oftmals die weibliche Alternative.

Etwa die Hälfte aller Jobs, die viele Männer für ihre berufliche Zukunft vorgesehen hatten, verschwand auf diese Weise. Das führte zwar zu einer größeren Gleichstellung von Mann und Frau und war von Vorteil für die Gesellschaft, wurde aber nicht von allen Männern als Vorteil empfunden. Vor allem nicht von denjenigen, die in diesem Prozess des Übergangs und der Veränderung verharrten. Über dieses Problem wird kaum gesprochen. Es wurde regelrecht tabuisiert, weil wir alle eigentlich ganz stolz auf diesen gesellschaftlichen Wandel sind.

Gleichzeitig lösten sich die traditionellen Hierarchien auf und plötzlich hatten Sekretärinnen, einfache Angestellte und viele andere Berufsgruppen neue Karrieremöglichkeiten, die zusätzlich die traditionellen Aufstiegs- und Beförderungschancen versiegen ließ. Die zunehmende Computerisierung führte dazu, dass Tätigkeiten sich immer ähnlicher wurden. Eine Beförderung brachte nur zusätzliche Probleme und mehr Arbeit mit sich. Die Erklärung dafür, dass heutzutage immer weniger Schweden – zumindest im europäischen Vergleich – Chefpositionen übernehmen wollen, liegt wahrscheinlich auch darin begründet.

Aus diesen Gründen ärgern sich viele ältere Männer, dass ihr Leben nicht so verlaufen ist, wie sie es sich gewünscht hätten. Aber das waren die Konsequenzen der politischen und demographischen Entwicklungen unserer Zeit, die absolut gerecht und angemessen waren. Und doch wurden sie von vielen Männern als ungerecht wahrgenommen. Die Winkelzüge des Zeitgeistes sind unergründlich für diese Zeitgenossen.

Mich hat es mit 55 Jahren erwischt, aber mir gelang es, daraus einen Vorteil zu ziehen. Heute leben meine Töchter in der besten aller Welten. Glück bedeutet nicht, dass einem immer alles gelingt, sondern dass man ein gutes Leben führt.

Vergiss nicht, dass man das Leben nur rückwärts verstehen kann. Leben muss man es vorwärts. Darum sollten wir stets nach vorn schauen und auch die nächste Phase unseres Lebens zu unseren Gunsten wenden.

Die zweite große Umstellung waren die massiven Kürzungen der sozialen Zuschüsse im öffentlichen Dienst in den 1960er-Jahren. Beamter zu sein, stand früher für etwas Großes. Wer einmal dem Kabinett des schwedischen Königs Gustaf VI. Adolf im Schloss sein Anliegen unterbreiten durfte, der weiß, wovon ich rede.

Die wirklich großen Reformen nahmen ihren Anfang im öffentlichen Dienst. Dort konzentrierte sich in den so genannten Rekordjahren die Macht. Dort fanden die gesellschaftlichen Umwandlungen statt. Darum zog es viele in den 1940er- und 1950er-Jahren geborene Männer dorthin.

Doch als sie in den 1990ern in die Chefetagen aufgestiegen waren, mussten sie ernüchtert feststellen, dass die Ressourcen versiegt waren und es nur noch um Einsparungen und Kürzungen ging. Sie mussten in Kauf nehmen, weit mehr zu arbeiten, als ihre Mitarbeiter es jemals tun würden, und die meiste Arbeit selbst zu erledigen. Das führte zu einer ziemlich gedämpften und unbefriedigenden Arbeitsatmosphäre.

Die Jahrgänge der 1940er wuchsen mit der Ideologie auf, sich bei der Arbeit selbst zu verwirklichen und dort ihre Freunde zu finden. Lange und viel zu arbeiten galt als etwas Positives. Darüber hinaus sollten wir herausragend in unserem Beruf sein, aktiv in unserem Stadtviertel, in Schulen und Kindergärten. Diese Rechnung ging aber niemals auf.

Jetzt im Alter wissen wir es besser. Die Allerwenigsten klagen auf dem Sterbebett darüber, sie hätten mehr Zeit im Büro verbringen sollen. Das Gegenteil kommt sehr viel häufiger vor. Man hatte der Familie, den Kindern und den Freunden viel zu wenig Zeit gewidmet und plötzlich war das Leben vorbei.

Wenn die Zeit als Arbeitnehmer vorüber ist, zeigt sich, was für ein Mensch man ist, wie viel Privatleben man hat und ob das private Netzwerk funktioniert und einen trägt. Aber alles bekommt einen Sinn, wenn man offen für Veränderungen ist.

Denn heutzutage muss man ein Unternehmer sein und Unternehmen gründen. Es gibt leider keine vorgefertigten Regeln, was gut ist und was nicht. Das erschwert die Wahl, erleichtert aber das Leben, auch für uns Ältere.

Bei mir war es so: Aus dem Diplomaten wurde der Märchenonkel. Ich habe inzwischen zwölf Kinderbücher geschrieben. Meine Töchter waren als Teenager meine Lektorinnen und so verwandelte sich meine Autorenschaft in ein großes Vater-Töchter-Projekt.

Die meisten von uns können nach 65 ihre Interessen ausbauen und ihre Träume verwirklichen. Das kann zu einem neuen Leben führen, gewissermaßen zu einem zweiten Leben. Genau das möchte ich mit diesem Buch zeigen.

Das schönste Kompliment in meinem neuen Leben bekam ich in einer Schule. Ich war eingeladen, vor einer Schulklasse einen Vortrag zu halten. Ich erzählte ihnen von meinen Büchern und meiner Lebensgeschichte. Nach der Stunde wurde ich zu meiner großen Überraschung von mehreren Jungen mit Migrationshintergrund umringt, die mir Fragen zu meinen Büchern stellten.

„Wie wird man so wie du?", fragte einer von ihnen.

Das werde ich nie vergessen.

VERGISS NICHT, dass man die Fähigkeit trainieren kann, das Leben zu genießen. Wir müssen unser Leben jetzt leben, jetzt oder nie. Wir können das Leben nicht länger vor uns herschieben und uns den Kopf zerbrechen, wie es hätte sein sollen.

Jetzt können wir reisen, ohne Rechenschaft ablegen zu müssen. Wir müssen nicht mehr fleißig sein, uns nicht mehr anpassen und auch niemanden um Rat fragen. Wir können alles genießen. Ich kann nur sagen, dass ich mich früher wesentlich älter fühlte!

Mein Fazit lautet darum:

Lebe dein neues Leben. Erfüll nur deine eigenen Erwartungen und nicht die der anderen. Sieh immer nach vorn, dann entwickelst du dich weiter. Denn Wege entstehen dadurch, dass man sie geht.

Allgemeine Verhaltensregeln

1

DIE ZEIT DANACH SCHON MIT 60 PLANEN

Das klingt furchtbar öde, aber es ist ein gewisses Maß an Planung erforderlich, damit du den späteren Teil deines Lebens richtig genießen kannst. Wenn du deinen Arbeitsplatz erst einmal verlassen hast, verlierst du auch einige der Plattformen – und Dienstleistungen eines Büros –, die eine angenehme Organisation deines zukünftigen Lebens als freier Mensch um einiges erleichtern würden.

Unsere Gesellschaft zieht nämlich eine ausgesprochen scharfe Grenze zwischen Arbeitnehmer und Rentner, und dazwischen tut sich ein steiler Abgrund auf. Niemand will einen Rentner im Vorstand haben, aber einen Mitarbeiter 60+ schon.

Also mache dir schon heute Gedanken, denn bald bist du dein eigener Berater in Sachen *Talent-Management.*

Wenn du dein neues, freies Leben antrittst, sollst du nicht jede freie Minute verplanen. Wir planen viel zu viel und leben zu wenig – in der Arbeitswelt und in unserer Freizeit. Meine vielen Jahre im Ausland haben mir das deutlich gezeigt.

Schaff dir für deine Termine und Aktivitäten nur einen kleinen Kalender an, keinen aufwendigen Terminplaner. Meiner ist rot, damit ich ihn überall schnell finden kann.

Finger weg von digitalen Kalendern! Die können schnell zu einer Ganztagsbeschäftigung werden und dir nur deine Zeit stehlen.

2

DIE ZEIT IST ZWAR KNAPP, ABER DAS LEBEN IST LANG!

Jammer nicht, dass die Zeit so schnell verstreicht. Denk lieber daran, wie lang das Leben ist. Als ich 1944 geboren wurde, lebten Hitler und Stalin noch und planten ihre perfiden Massenmorde.

Vor diesem Hintergrund ist es beeindruckend zu sehen, wie lange wir schon leben und wie wir nach dem Krieg in Frieden leben konnten. Die moderne Gesellschaft hat sich im Laufe unseres Daseins entwickelt. Denk an den Komfort, den wir genießen, an die Köstlichkeiten, die wir essen, die spannenden Reisen, die wir unternehmen können. Die Rentner von heute haben historisch betrachtet ein Riesenglück. Wir waren Teil des Wirtschaftswunders!

Um eine andere Perspektive auf unser Leben zu bekommen, können wir uns das Jahr 1944 als Dreh- und

Angelpunkt vorstellen und unsere bisherige Lebenszeit auf einem Zeitstrahl in die Vergangenheit zurückklappen. Dann würde sich unser Leben nämlich in die Zeit um 1870 erstrecken. Da wurde mein Großvater geboren, Otto von Bismarck hatte gerade Deutschland geeint, Oskar II. war König von Schweden und nur wenige Bürger besaßen das Wahlrecht. Die europäischen Großmächte hatten Afrika noch nicht untereinander aufgeteilt und Schweden gehörte zu den ärmsten Ländern Europas.

So viel hat sich seit zwei Generationen in Schweden, in Europa und auf der Welt getan. So betrachtet ist ein Menschenleben also ganz schön lang. Und wenn du noch einmal um dieselbe Zeitspanne zurückgehst, landest du in der Zeit von Napoleon!

Erinnere dich daran, wenn du das nächste Mal jemanden darüber klagen hörst, wie kurz das Leben doch sei. Das Leben ist eigentlich so lang, dass man müde wird, an den Tod zu denken. Diese Erfahrung habe ich zumindest gemacht.

Nicht das Leben ist also kurz. Die uns noch bleibende Zeit ist kurz, aber das ist etwas ganz anderes. Das bedeutet nämlich, dass du dein Leben in die Hand nehmen und aus den verbleibenden Jahren etwas Gutes machen musst. Der Weg ist schließlich nicht unendlich. Vielleicht habe ich einen kleinen Vorsprung, aber du wirst mich mühelos einholen.

Die Anzahl der verbleibenden Tage und Stunden ist nicht gezählt und nicht unbeschränkt. Eine Weile werden sie noch ausreichen.

Mich schreckt der Tod nicht. Wir alle müssen irgendwann sterben. Ich mache mir nur Sorgen darüber, wie mein Leben zu Ende gehen wird. Im Angesicht des Todes sind wir nämlich keineswegs alle gleich. Einige sterben friedlich im Schlaf, andere erst nach jahrelangen Qualen. Auf unserem letzten Weg haben oftmals unsere Gene das Sagen. Das kann man kaum gerecht nennen.

Darum lasst uns hoffen, dass die Zeit uns freundlich gesinnt ist und nur langsam verstreicht, wie meine afrikanischen Freunde in Nairobi zu sagen pflegten.

3

MEIN WICHTIGSTER RATSCHLAG: WERDE EIN GLÜCKLICHER RENTNER!

Als sich der Zeitpunkt meiner Pensionierung näherte, habe ich den Beschluss gefasst, ein glücklicher Rentner zu werden. Optimisten haben ein besseres Leben als Pessimisten, auch wenn es für alle von uns eines Tages zu Ende geht.

Das Wichtigste ist, sein Alter anzunehmen und die vielen Möglichkeiten auszuschöpfen. Vieles hängt von deiner Laune und deiner inneren Einstellung ab, sogar die Gesundheit. Nicht jeder Wein wird sauer, und das trifft auch auf Menschen zu. Einige werden im Alter immer besser.

Das ist nichts Neues. Bereits vor 2000 Jahren schrieb der römische Staatsmann und Philosoph Cicero:

„Das Lebensalter hat seine bestimmte Laufbahn, und der Weg der Natur ist nur einer, und zwar ein einfacher. Einem jeden Abschnitt des Lebens ist seine eigene zeitliche Bestimmung gesetzt; die Schwäche des Knaben, die wildtrotzende Kraft des Jünglings, der Ernst des schon gesetzten Alters und die Reife des höheren Alters ist etwas Naturgemäßes, was zu seiner Zeit benutzt werden muss."

Und sein Fazit lautet:

„Die Frucht des Alters ist aber, wie ich schon oft sagte, die Erinnerung an die zuvor hervorgebrachten guten Taten und die Fülle daran."

Ich zitiere diese antiken Schriften nicht, um mit meinem Wissen zu brillieren, sondern um aufzuzeigen, dass kluge Menschen seit Tausenden von Jahren über dieses Phänomen, vor dem du und ich gerade stehen, nachgedacht haben. Wir sollten aus diesen gesammelten Erfahrungen und Erkenntnissen unseren Nutzen ziehen. Ich bin dadurch stoischer geworden. Wer weiß, vielleicht ist das der erste Schritt zur Weisheit?

Die Fragestellung ist auf jeden Fall nicht neu. Alle Menschen vor uns sind gestorben. Das kann einem doch auch Trost spenden.

Darum solltest du dem Typen, der dich jeden Morgen im Badezimmerspiegel anschaut, mit einem Lächeln begegnen. Es wird Zeit, Freundschaft mit dem zu schließen, der du geworden bist, auch wenn du dich hinter der Fassade wie ein verirrtes Kind fühlst. Das Sonderbare am Altwerden ist, dass man mit allen Lebensaltern gleichzeitig lebt. Wenn ich ganz genau hinsehe, dann entdecke ich im Spiegel auch den unbekümmerten Schuljungen aus Uppsala.

Und das hat etwas Positives. Unsere Perspektive weitet sich. Denn es geht nicht nur um unsere Lebensrealität, sondern um die der Menschheit. Und damit haben wir den Grundstein für ein bisschen Weisheit gelegt. Nun gilt es, diese auszubauen.

Begrüße deine Nachbarn im Haus, im Wohnviertel und in den Geschäften immer mit einem vergnügten Lächeln. In dem kleinen Fischerort in Schonen, wo mein Sommerhaus steht, grüßen sich alle, außer die griesgrämigen Stockholmer. Ein Lächeln hat nämlich die Eigenschaft anzustecken und sich auszubreiten. Versuche, lächelnd durchs Leben zu gehen!

Nein, ich will kein Griesgram werden, was erschreckend einfach zu sein scheint, und ich will auch kein Langweiler werden, was offenbar die Regel ist.

Wenn du das Bedürfnis hast, dich zu beklagen, triff dich mit einem engen Freund und heult euch gegenseitig die Ohren voll, um euren Frust loszuwerden. Das kann aus therapeutischer Sicht äußerst wertvoll sein.

Ich will auch nicht zu einem dieser Senioren werden, die sich krampfhaft an der Jugend festklammern und ihr wahres Alter hinter sonnengebräunten Gesichtern, jungen Frauen, Facelifting, Make-up und jugendlichen Klamotten verstecken. Spätestens in der Schlange vor dem Nachtclub und im Gedränge der lauten Bar unter der glitzernden Diskokugel würde dein herumirrender Blick dich entlarven.

In der römischen Komödie taucht dieser liebeskranke Greis als armer, schwanzgesteuerter Tropf auf, der durch sein Auftreten und Verhalten nicht nur seine Weisheit, sondern auch seine Würde verliert; Eigenschaften, die eigentlich dem Alter zugesprochen werden.

„Ein Jegliches hat seine Zeit, und alles Vorhaben unter dem Himmel hat seine Stunde: Geborenwerden hat seine Zeit, Sterben hat seine Zeit (...) Weinen hat seine Zeit, Lachen hat seine Zeit ...", sagte der Prediger Salomo im Alten Testament schon vor 3000 Jahren. Und so ist es auch heute noch.

Wenn man die eigenen Lebensumstände akzeptiert und das Beste daraus macht, verliert man einen Großteil seiner Angst. Dann gibt es keine blauen Montage oder dunklen Novembertage mehr. Jeder neue Tag ist ein wertvoller Tag. Denn ich will mit mir und meinem Alter leben und nicht gegen mich. Und dabei unter Umständen ein wenig weiser werden. Und davon handeln meine Ratschläge.

Außerdem sind wir offenbar zum richtigen Zeitpunkt am richtigen Ort. Wenn man die Zeitungen aufmerksam verfolgt, kann man feststellen, dass die Mode der 1950er-Jahre wieder „in" ist: geblümte Stoffe, Hausmacherkost, gehäkelte Topflappen, Filterkaffee, Gebäck, Rezepte und alte Schlager. Und auch das Wort „lauschig" scheint wieder in Mode zu kommen.

Wir müssen uns also nur die historischen Entwicklungen ansehen: Früher oder später sind wir wieder „in".

Bald sind die alten Kerle wieder gefragt!

Die Entscheidung, ein glücklicher Rentner zu werden, hat mich mit einer Ruhe erfüllt, die meinen ganzen Körper erfasst. Als hätte ich die gebogene Lebenstreppe aus den Stichen des 19. Jahrhunderts einfach auf den Kopf gestellt und in ein U verwandelt. Jetzt geht das Leben aufwärts, nicht abwärts, und die Seele übernimmt den Körper. Ich fühle mich weitaus abgeklärter und versuche, ganz ich selbst zu bleiben. Endlich stimmt das Äußere mit dem Inhalt überein, der innere Mensch ist eins mit seiner äußeren Hülle. Ich mag das Leben, so wie es ist. Außerdem habe ich auch gar keine andere Wahl. Vielleicht ist das schon ein erstes Anzeichen dafür, an Reife zu gewinnen.

Ich fühle mich wohl in meiner eigenen Gesellschaft, aber ich genieße es auch, Zeit mit anderen zu verbringen. Es ist ungeheuerlich wichtig, die Probleme hinter uns zu lassen, mit denen wir alle im Laufe unseres Lebens zu kämpfen hatten, und nach vorn zu schauen. Ich unterhalte mich lieber über die lustigen und heiteren Dinge, die passiert sind. Es geht darum, seine Freude mit anderen zu teilen.

Das bedeutet, alles zu genießen, was wir erreicht haben, und das Erreichte auszubauen. Die meisten von uns stehen als Pensionierte finanziell besser da, als sie erwartet haben. Das zeigen alle aktuellen Untersuchungen, obwohl auch ich nicht zu der neuen Zielgruppe der *WHOPs* zählen werde: *Wealthy, Healthy Older People*. Aber wir müssen ohnehin Prioritäten setzen. Wir können nicht mehr alles machen.

Meine Sorge, als Beamter keine ausreichende Pension zu bekommen, war unbegründet. Vorausgesetzt, es erfolgen keine größeren Einschnitte. Aber davon würden alle betroffen sein, da gilt das Gleiche wie beim Sterben.

Zudem ändern sich die eigenen Bedürfnisse. Ich für meinen Teil habe genug gekauft. Meine Schubladen und Schränke sind voll. Ich habe kein Shoppingfieber mehr!

4

KEINE KLEINERE WOHNUNG

Um ein glücklicher Rentner sein zu können, benötigt man Platz. Zieh bloß nicht in eine kleinere Wohnung. Gerade jetzt brauchst du mehr Raum und solltest ihn auch genießen. Schließlich stürmst du nicht mehr durch die Zimmer, sondern gehst in deinem Tempo. Schluss mit dem Tunnelblick!

Betrachte dein Zuhause mit anderen Augen. Mit ein bisschen Glück hast du noch zwanzig herrliche Jahre in den vier Wänden vor dir, die du dir dein Leben lang aufgebaut hast. Immer mehr Männer werden 80 Jahre und älter und bleiben gesund. Es gibt wirklich vieles, worauf du dich freuen kannst.

Außerdem kannst du dir ein großes Zuhause aller Wahrscheinlichkeit nach leisten, denn die meisten Rentner stehen finanziell häufig so gut da wie die arbeitende Bevölkerung. Das hat kürzlich eine neue Untersuchung ergeben. Aber seien wir ehrlich, ein großes Haus macht natürlich wenig Sinn, wenn man ohnehin das halbe Jahr lang auf Reisen ist und nur zwischendurch einen Zwischenstopp zu Hause macht.

5

VIEL PLATZ

Wenn die Kinder von Zuhause ausziehen, hinterlassen sie leere Räume, die nun dir zur Verfügung stehen. Diese Räume kannst du jetzt mit neuem Leben füllen. Es gibt eine Unzahl an Möglichkeiten: Du kannst dir ein Arbeitszimmer einrichten, einen extra Computerraum, ein Musizierzimmer, einen Hobbyraum, eine Werkstatt oder – warum nicht – ein großartiges Lotter-Zimmer, in dem du machen kannst, was du willst, und nie aufräumen musst. Außer wenn Gäste kommen. Denn jetzt hast du ja Zeit, um sie mit ihnen zu verbringen.

Und du musst weder reparieren, streichen, putzen oder Schnee schaufeln, wenn du es nicht willst. Du kannst dich einfach an deinem Haus und Heim und deiner freien Zeit erfreuen.

Mach den Kamin an, schenk dir einen Drink ein, leg schöne Musik auf oder lade Freunde ein und genieße die Dinge, die das Leben für den bereithält, der frei ist und nicht mehr arbeiten muss.

6

BLOSS NICHT AUFS LAND ZIEHEN

Viele fragen sich, ob es nicht besser wäre, nach der Pensionierung in sein Sommerhaus zu ziehen. Das sollte man nur dann tun, wenn die meisten Freunde ebenfalls auf dem Land leben und die Erfüllung deiner Träume nur dort möglich ist.

Es ist wichtig, im Alter an seinem Wohnort gut etabliert und integriert zu sein. Das macht das Leben angenehmer. Man kann alte Kontakte ausbauen, ohne wieder bei Null anfangen zu müssen. Außerdem ist es wunderbar, zwischen Hauptwohnsitz und Sommerhaus hin- und herpendeln zu können.

Begnüge dich also lieber damit, im Frühling aufs Land zu fahren und erst im Spätherbst zurückzukommen. Auf diese Weise kann man zwei Leben führen, mit unterschiedlichen sozialen Netzwerken und unterschiedlichem Mobiliar. Ich liebe es, im September unter meinen Apfelbäumen zu liegen, dem schweren Brummen der Hummeln zu lauschen und vor mich hinzudösen. Da wird jeder noch verbleibende Sommertag zu einem großen Geschenk.

7

KEINEN HUND ANSCHAFFEN

Als junger Mann wollte ich immer einen Hund haben. Mittlerweile aber bin ich davon überzeugt, dass ich doch keinen Hund haben will, außer ich werde steinalt und einsam. Wenn Hunde aber dein Hobby sind oder dein größter Traum, dann ist jetzt der richtige Zeitpunkt.

Du darfst dabei aber nicht vergessen, wie gebunden man mit einem Hund ist. Als hätte man wieder ein Kleinkind, das aber niemals erwachsen wird. Du kannst ihn nicht überall mit hinnehmen. An den meisten Badestränden in Schweden zum Beispiel herrscht in den drei Sommermonaten Hundeverbot. Ganz zu schweigen von den Schwierigkeiten, die einem beim Reisen mit Hund begegnen. Und erst die vielen Haufen, die du einsammeln musst!

8

NICHT ZUM KLEINKRÄMER WERDEN

Halte dich nicht mit Kleinigkeiten auf. Erweitere deinen Horizont und versuche, das große Ganze zu sehen. Die meisten von uns haben Unmengen an Unterlagen aufgehoben, die vollkommen unnötig sind, vor allem die aus unserem vergangenen Berufsalltag. Wenn du nicht deine Memoiren schreiben willst, entsorge den ganzen unnützen Kram. Versuche erst gar nicht, die Dinge zu strukturieren, die es nicht wert sind – du weißt genau, was ich damit meine.

Wirf alles weg, was dir nie Freude bereitet hat. Wenn du Zweifel hast, dann stell dir diese Frage:

Wird es in zwei Jahren noch eine Rolle spielen?
Meistens lautet die Antwort nämlich NEIN.
Es lohnt sich also nicht, ein Kleinkrämer zu werden.

9

ALTE TAGEBÜCHER AUFHEBEN

Das Leben ist lang, wir haben unglaublich viel erlebt und vieles davon vergessen. Aber das meiste davon ist auf der Festplatte in unserem Kopf gespeichert, wir müssen nur das Passwort finden. Seit meinem elften Lebensjahr schreibe ich Tagebuch. Wenn ich mein Tagebuch aus dem Jahr 1962 aufs Geratewohl aufschlage, steht zum Beispiel am 28. Oktober Folgendes:

„Eine 2–3 in Französisch. Dir Arbeit war sehr ungerecht bewertet, was die Ansicht der Klasse stärkte, dass die Lehrerin inkompetent ist. 2 Grad plus. Bewölkt."

Mehr steht da nicht, keine besonderen Vorkommnisse.

Aber plötzlich taucht vor meinem inneren Auge dieser eine Tag auf. Mir strömt mein damaliges Gefühl entgegen, gescheitert zu sein, die kühle Witterung und der dunkle Herbsttag, aber auch meine Hoffnung, dass nicht ich, sondern die Lehrerin den Fehler begangen hat, und mein Versuch, das eigene Scheitern in einen größeren Zusammenhang zu setzen. Damals gelang mir das, und so ging der Tag einigermaßen froh zu Ende. Ich erinnere mich sogar an den Duft der Pfannkuchen, die es an diesem Tag bei uns zum Abendbrot gab.

Dieser kurze Tagebucheintrag war mein Passwort, wie ein Sesam-öffne-dich. Zwei banale Zeilen in einem alten Tagebuch lösten diesen Strom an Bildern und Erinnerungen aus. Das schlägt Google um Längen!

Die Erinnerung ist das, was uns bleibt, wenn die Zeit verstrichen ist. Ohne Erinnerungen verlieren wir das Zeitgefühl und unsere Identität, wir verlieren den Zugang zu den Bauelementen, aus denen unser gelebtes Leben errichtet wurde.

10

UNSCHÄTZBAR WERTVOLLE BÜCHER

Wenn du dir in Büchern Notizen gemacht oder Zeilen unterstrichen hast, fällt es dir leichter, deine persönlichen Passwörter zur Festplatte zu finden.

Unser Erdkundelehrer im Gymnasium hat immer darauf bestanden, dass wir die wichtigsten Stellen im Buch unterstreichen und vor einer Klausur nur die unterstrichenen Passagen durchlesen sollten. Diese Methode habe ich den Rest meines Lebens beibehalten. Und es funktioniert.

Wenn ich heute eines dieser Bücher aufschlage, sind mir Gegenstand und Argumentation in wenigen Minuten wieder geläufig, unabhängig vom Thema. Die unterstrichenen Satzteile sind meine Passwörter.

Solche Bücher sind von unschätzbarem Wert und sollten in deinem Besitz bleiben. Denn so bewahrst du dir deine Passwörter und auch den Zugang zu deinem Archiv der Erinnerungen. Sonst sind diese nämlich unwiderruflich verloren.

Die meisten von uns besitzen ein sehr gutes Erinnerungsvermögen. Wir vergessen gar nicht so viel, wie wir immer glauben. Das macht doch gute Laune.

11

IM HIER UND JETZT

Sei kein Querkopf. Lebe im Hier und Jetzt, nicht in der Vergangenheit. Früher war auch nicht alles besser, als die Alten noch zur Bedeutungslosigkeit verdammt wurden. Du musst nicht gleich alle Veränderungen bejubeln – das tut man selten als älterer Mensch –, aber sie müssen dir auch nicht quer im Hals stecken bleiben. Das raubt dir Energie und so wirst du niemals ein glücklicher Rentner.

12

WEG MIT DEM PRESTIGEDENKEN

Meiner Erfahrung nach fällt es Männern schwerer als Frauen, sich von ihrem erworbenen Prestige und Image zu verabschieden. Viele von uns haben sich einfach zu sehr mit ihrem Posten identifiziert. Früher waren Titel von großer Bedeutung: Oberst im Generalsstab, Fregattenkapitän mit Ehrenkreuz oder städtischer Verwaltungsdirektor.

Wer aber zum Beispiel als Buchhalter gearbeitet hat und von einem jungen Kollegen abgelöst wurde, der sich mittlerweile Controller nennt, kann sich kaum darüber aufregen. Denn es klingt, als würde es sich um zwei verschiedene Welten handeln. Im Berufsleben gibt es unzählige solcher Differenzierungen, von denen meist nur Eingeweihte wissen. Und wem wollen oder müssen wir jetzt noch etwas beweisen?

Wir haben uns alle im Laufe unseres Lebens mehr oder weniger stark aufgeblasen. Jetzt ist es an der Zeit, die Luft aus dem Ballon entweichen zu lassen und sich seiner Umwelt gegenüber zu öffnen. Jetzt können wir miteinander in einer Art und Weise reden, wie wir es noch nie zuvor getan haben.

Wer sich nicht von diesem Prestigedenken befreien kann, begrenzt sich und seine Entfaltung und isoliert sich. Solche Menschen sind häufig nicht besonders umgänglich und am Ende meist einsam.

13

FREI VON SCHULDGEFÜHLEN UND VERBITTERUNG

Viele Menschen tragen ihr Leben lang schwer an Schuldgefühlen. Andere werden von tiefer Verbitterung zerfressen. Häufig sind die Ursachen dafür banal. In vielen Fällen war ein Missverständnis der Auslöser. Und in den meisten Fällen lässt sich die Situation nicht mehr bereinigen.

Aber das ist eine Frage der Gesundheit. Denn Schuldgefühle und Verbitterung rauben wertvolle Lebensenergie. So, als würde man mit angezogener Handbremse Auto fahren. Studien haben gezeigt, dass dadurch Blutdruck und Puls steigen. „Es ist genauso gesundheitsschädlich wie das Rauchen", um einen Arzt zu zitieren.

Darum ist es definitiv an der Zeit, sich von seinen Schuldgefühlen, seiner Verbitterung und seinem schlechten Gewissen zu befreien. Die Kunst des Vergessens und des Vorwärtsstrebens ist ausschlaggebend für das Ziel, ein glücklicher Rentner zu werden.

Es mag ein Trost sein, dass unsere Gesellschaft der Frage nach Schuld und Verantwortung des Individuums nicht mehr so viel Aufmerksamkeit schenkt. Seht euch doch die jüngere Generation an. Es genügt, einmal klein beizugeben, sich zu entschuldigen und schon ist alles vergeben und vergessen. In dieser Hinsicht ist das Leben in der Tat einfacher geworden.

Wenn dich ein ewiger Moralist – und davon gibt es genügend – dafür kritisiert, dann antworte mit Jesus' Worten aus der Bergpredigt: „Wer von euch kann mit all seiner Sorge sein Leben auch nur um eine kleine Zeitspanne verlängern? (...) Sorgt euch also nicht um morgen; denn der morgige Tag wird für sich selbst sorgen. Jeder Tag hat genug eigene Plage."

In der Regel lässt ihn das verstummen.

Ein Projekt

14

TUN UND LASSEN, WAS DU WILLST

Jetzt solltest du dir überlegen, was du mit deiner Zeit anfängst, und wie du das umsetzen willst, von dem du immer geträumt hast, denn jetzt hast du die Zeit dafür. Dein Ziel sollte sein, die Möglichkeiten zu sehen und nicht die Schwierigkeiten. Ein Projekt gibt dir ein Gefühl von Beständigkeit und Bedeutung. Es kann Bekanntes wieder aufleben lassen oder zu einem Neustart führen.

Wenn du reisen willst, dann tu das. Ich für meinen Teil bin während meiner vielen Auslandsaufenthalte genug herumgekommen. Ich will nun vor allem Bücher schreiben, aber auch mal an einem Frühsommertag eine Runde golfen gehen.

Vielleicht denken einige, dass es nach Stress klingt, sich schon wieder Projekte vorzunehmen, nachdem man endlich von allen Zwängen befreit ist. Da ist etwas Wahres dran, aber bedenke, dass jede bevorstehende Aufgabe umso stressiger wird, wenn man insgesamt viel zu wenig macht. Fahre deine Kapazitäten nicht zu schnell herunter, das macht auch keinen Spaß.

15

KEIN RECHTHABER UND PEDANT WERDEN

Viele ältere Männer, die keine Projekte und Lebensaufgabe mehr haben, neigen dazu, rechthaberisch und pedantisch zu werden und alles und jeden anzugreifen. Ihre Tage sind einsam und leer und meistens suchen sie verzweifelt nach Gelegenheiten, um andere zu korrigieren, nur um Kontakt zur Außenwelt zu bekommen. In ihrer Wahrnehmung vertreten sie „die allgemeine Meinung" oder „die stille Mehrheit".

Vermutlich hat jeder von uns schon einmal Bekanntschaft gemacht mit der Spezies des gut gekleideten älteren Herrn auf dem Bürgersteig, der absichtlich eine Kollision provozierte, nur um anschließend zu dozieren: „In diesem Land herrscht immer noch Rechtsverkehr." Das ist doch furchtbar traurig und tragisch.

16

WEG MIT DEM KONJUNKTIV

Sprich nicht von Dingen, die du hättest tun können, aber nicht getan hast, die du hättest machen müssen, aber nicht gemacht hast, die du hättest tun wollen, aber nicht tun konntest. Konjunktiv nennt sich diese gefährliche Verbform, die wir alle noch aus der Schulzeit kennen und die viele Gesichter hat. Sie steht für all die Dinge, die du hättest tun können, wenn das Wörtchen wenn nicht wäre. Doch Konditionalsätze führen zu nichts.

Andere Länder und Kulturen sind sich der Verwendung ihrer Sprache weitaus bewusster, beispielsweise die Deutschen oder auch die Franzosen. So fordern französische Psychologen ihre Patienten bereits zu Beginn einer Behandlung auf, eine andere Verbform zu benutzen und nicht im Konjunktiv zu sprechen.

Verwende am besten Präsens oder Futur, wenn du berichtest, was du gerade tust oder noch tun wirst. Und vergiss das, was du nicht getan hast.

Nimm deine Situation so an, wie sie ist. Schließlich geht es darum, im Hier und Jetzt zu leben.

17

VERGANGENES IST VERGANGEN

Du bist jetzt dein eigener Herr. Du musst weder dein altes Leben noch deine ehemaligen Arbeitskollegen, deren Produkte oder Dienstleistungen verteidigen.

Ich arbeite nicht mehr im diplomatischen Dienst, sondern bin ein freier Mensch. Ich bin nicht verantwortlich dafür, was das Außenministerium in den unterschiedlichsten Krisenherden auf dieser Welt gerade unternimmt oder unterlässt. Lass das Genörgel der anderen an dir abprallen, du bist nicht mehr zuständig.

18

ERZÄHL GESCHICHTEN AUS DEINEM LEBEN

Das können alle. Man benötigt dazu weder einen Verlag noch Leser. Deine Familie reicht als Publikum vollkommen aus. Deine Kinder und Enkelkinder wollen eines Tages mehr über dein Leben erfahren, über deine Eltern und deine Kindheit, über die schweren Jahre und deine Erfolge. Leider vergessen sie häufig zu fragen, bevor es zu spät ist, du alles vergessen hast, zu müde bist oder ganz einfach nicht mehr unter uns weilst.

Mit der neuen Technik Print-on-Demand kann man seine Erinnerungen zu einem Buch binden lassen und das auch in kleinen Auflagen. Das kostet zwar etwas Geld, aber dafür hältst du hinterher ein richtiges Buch in Händen, das deine Kinder und Enkelkinder später schätzen werden. So ein Buch ist nicht nur ein tolles Geschenk, sondern auch ein tröstlicher Gedanke.

19

HEGE UND PFLEGE DEINEN GARTEN

„Wenn du einen Garten und dazu noch eine Bibliothek hast, wird es dir an nichts fehlen", sagte Cicero. Denn beides ist wichtig für die Seele, würde ich hinzufügen.

Als Kind hatte ich ein eigenes, kleines Beet, in dem ich pflanzen konnte, was ich wollte. Ich bekam Tüten mit Samen, den ich säte, goss und von Unkraut befreite. Frühmorgens ging ich in den Garten, um zu sehen, was über Nacht passiert war. Und jede neue Blüte erfüllte mich mit Freude.

Gestressten und erschöpften Menschen verordnet man heutzutage eine Gartentherapie, weil sie so wohltuend für die Seele ist. Wir Alten sollten auch wieder Kontakt zur Natur und den Jahreszeiten herstellen, und so Ruhe, Freude und Gelassenheit gewinnen. Schon ein Blumentopf auf dem Fensterbrett oder auf dem Balkon kann vollkommen ausreichen. Oder ein kleines Blumenbeet. Wichtig ist, dass dort etwas wächst und du die Veränderungen beobachten kannst. Setz dich am besten jeden Tag für eine Viertelstunde vor das Beet und lass deine Gedanken schweifen. Das tut deiner Seele gut.

Ich habe einen sehr kleinen Rosengarten, nicht mehr als 40 Quadratmeter groß, den ich den ganzen Frühling, Sommer und Herbst über hege und pflege. Ich habe einen Landschaftsarchitekten gebeten, mir bei dem Entwurf zu helfen. Drei Tage lang haben wir gearbeitet und diese kleine Perle gemeinsam erschaffen. Ich wollte auf keinen Fall eine Rasenfläche, denn das Rosenbeet schenkt meiner Seele Frieden.

In meinem Gärtchen stehen neben dreißig Rosen noch zwei Flieder, ein Buchsbaum, eine große Hortensie, ein Schmetterlingsflieder, eine Apfel-Rose und viele selbst gezogene Stockrosen. Wir haben drei kleine Sitzplätze angelegt, zwei für nur eine Person und eine für zwei Personen. Letztere erreicht man über kleine Steinpfade. Dort stehen zwei große, glatte Steine aus dem Meer und ein Tisch aus Stein, den die Natur selbst geformt hat.

Das ganze Unterfangen hat mich so viel gekostet wie eine Pauschalreise nach Thailand für meine Frau und mich. Der Unterschied ist nur, dass das Gärtchen mir für den Rest meines Lebens jeden Tag aufs Neue Freude bereitet.

Jeden Morgen gehe ich mit meiner Gartenschere in mein Gärtchen und beschneide die Rosen oder stelle einen Blumenstrauß zusammen. Oder auch zwei. In meinem Garten lese ich, lade einen Freund zum Tee oder Sundowner ein oder döse zufrieden in meinem Liegestuhl.

20

KEINE FOTOS MEHR

Ich habe mein ganzes Leben lang fotografiert und mit den Fotos unzählige Fotoalben gefüllt. Zusätzlich habe ich Landkarten, Zeitungsausschnitte und Zeichnungen der Kinder mit eingeklebt.

Aber jetzt ist Schluss damit. Ich will das Leben nicht mehr durch die Linse einer Kamera erleben. Ich will mittendrin sein, dabei sein, teilhaben und von dem Druck befreit sein, alles dokumentieren zu müssen. Die Kamera bleibt zu Hause, wenn ich verreise. Das ist eine große Erleichterung. Die Kinder sind dran, Fotos zu machen und Alben zu bekleben. Es ist jetzt ihre Aufgabe, Omas und Opas Tun zu dokumentieren.

21

DEN ZUFALL NUTZEN

Ich wollte schon immer schreiben. Dass es Kinder- und Jugendbücher geworden sind, ist purer Zufall. Hättest du mich das früher gefragt, wäre das für mich unvorstellbar gewesen. Es war ein absoluter Glücksfall und zeigt, dass man den Zufall gewähren lassen soll und die Gelegenheit im richtigen Moment beim Schopf packen muss.

22

UNMÖGLICHES VERABSCHIEDEN

In meinem Leben gab es etwas, was ich immer machen wollte, aber nie umgesetzt habe: Musik spielen. Meine Mutter liebte Jazz und wir teilten diese Liebe. Ich habe immer bereut, kein Musikinstrument gelernt zu haben, und immer gedacht, das würde ich später im Leben noch nachholen.

Aber daraus wurde leider nichts. Ich legte zwar meine Platten auf, aber die Musik spielte nur im Hintergrund. Ich unternahm keinen ernsthaften Versuch, ein Instrument zu erlernen, und plötzlich war ich pensioniert und frei.

Aber da war es zu spät. Hätte ich vor meiner Pensionierung damit angefangen und ein Instrument ganz passabel beherrscht, hätte ich meine Fertigkeiten jetzt ausbauen können. Aber ich wollte nicht als 65-Jähriger bei Null mit etwas anfangen, was viel Konzentration und Fingerfertigkeit erforderte. Und ein Instrument zu spielen, verlangt sogar mehr als das. Ich hätte einem Chor beitreten können, aber das setzt voraus, dass man Noten lesen kann und ein geübtes Ohr hat.

Ja, natürlich, dafür bin ich ganz allein verantwortlich. Ich war weder ausreichend motiviert noch musikalisch. Ich täte gut daran, damit Frieden zu schließen und nach vorn zu schauen. Aber meine Platten lege ich nach wie vor gern auf. Und dank des Rock 'n' Roll wird unsere Generation niemals richtig alt.

23

NICHT ZU RATIONAL SEIN

Man kann unmöglich alles planen. Ergreife die Gelegenheit, wenn sie sich dir bietet – auch wenn sie in einem anderen Gewand erscheint, als du erwartet hast. Alle großen Entscheidungen in meinem Leben – Familie, Haus und Heim – habe ich aus dem Bauch heraus getroffen.

Ich wollte zum Beispiel immer einen Sportwagen besitzen, ein Traum, den ich mit vielen teile. Eines Tages traf ich zufällig eine junge Mutter von drei Kleinkindern, die ihren roten Triumph Spitfire verkaufen musste. Sie zeigte mir ihren kleinen Flitzer und ich war sofort Feuer und Flamme. Bei einer Probefahrt flogen wir mit 160 Sachen über die Straßen.

Die Sache schien abgemacht, als wir umkehrten, um den Kauf zu besiegeln.

Aber auf dem Parkplatz kam ich kaum aus dem Fahrersitz des tiefergelegten Wagens heraus. Ich steckte hinterm Lenkrad fest mit steifem Rücken und zu langen Beinen. Am Ende gelang es mir unter großen Mühen, auf allen Vieren aus dem Auto und auf den Bürgersteig zu krabbeln.

Natürlich kam es nicht zum Kauf des Sportwagens. Die Zeit hatte mich überholt, ich hatte zu lange gewartet. Aber wenigstens habe ich es versucht. Das ist sehr wichtig.

24

GELEGENHEITEN BEIM SCHOPF PACKEN

Aber der Traum von einem Oldtimer wollte einfach nicht verschwinden, darum recherchierte ich im Internet nach den Autos meiner Kindheit: Studebaker, Buick und Rover, alles etwas größere Modelle. Und plötzlich tauchte ein tolles Foto eines Rover 75 Baujahr 1953 auf. Den Wagen hatten meine Eltern gefahren, als ich noch zur Grundschule ging.

Ich fuhr mit der Bahn zu dem mit dem Verkäufer vereinbarten Treffpunkt. Kaum saß ich hinterm Steuer, wusste ich, dass ich den richtigen Wagen gefunden hatte.

Rechtslenker, Ledersitze und Holzarmaturen. Im Wageninnern duftete es nach einer Mischung aus Old England und meiner Kindheit. Als hätte ich eine Zeitreise unternommen. Ich wurde wieder zum Kind.

Der alte Rover war im Originalzustand und in guter Verfassung, obwohl ich natürlich auch einige Makel sah. Aber die schreckten mich nicht. Für den Autoliebhaber Dagge aus Uppsala gab es nur eins: jetzt oder nie! Dieses Auto passte perfekt zu einem glücklichen Rentner.

Als ich meine Frau fragte, antwortete sie mit sanfter Stimme: „Ja, mach das!"

Das überraschte mich schon etwas.

„Ich habe gesehen, wie glücklich dich der Wagen macht", erklärte sie später, als ich nachhakte, warum sie kommentarlos zugestimmt hatte. Wie klug von ihr!

Ich habe meine Entscheidung nie bereut. Ich habe unglaublich gute Laune, wenn ich mit dem Rover eine kleine Spritztour mache. Und die Leute lächeln mir zu und winken. Allein das ist Grund genug, ihn zu besitzen.

25

DER ZUFALL KANN UND SOLL ENTSCHEIDEN

Ich habe mich für das Schreiben entschieden. Wie das angefangen hat? Tja, die besten Sachen im Leben passieren einem eher zufällig. Als ich in New York arbeitete, besuchten meine Töchter eine Mädchenschule. In der Grundschule sollten sie sich mit Frauen der Weltgeschichte beschäftigen. Die Schule hatte eine Liste von Namen zusammengestellt, auf der hauptsächlich amerikanische, aber auch wenige europäische Kandidatinnen standen. Allerdings nicht eine einzige Schwedin, wie ich schnell erkannte.

Darum nahm ich mit der Schuldirektorin Kontakt auf, die mich freundlich einlud, den Kindern einen kleinen Vortrag über eine bekannte Schwedin zu halten.

Ich entschied mich für Königin Kristina, die bereits im Alter von sechs Jahren den Thron bestiegen hatte.

Das würde den Schülerinnen unter Umständen die Identifizierung mit ihr erleichtern.

Nach meinem Vortrag brachte ich meine Hoffnung zum Ausdruck, dass die Schule nun auch Königin Kristina mit auf die Liste setzen würde.

„Da gibt es leider ein kleines Problem", erwiderte die Direktorin. „Die Mädchen benötigen ein Buch, mit dem sie sich vorbereiten können."

Und dann sah sie mir tief in die Augen und fügte hinzu:

"You write it!"

Woraufhin ich ohne zu überlegen antwortete:

"I'll do it!"

26

GIB NIEMALS AUF!

In den nächsten drei Jahren las ich alles, was ich über Königin Kristina in die Hände bekam, und schrieb jeden Tag an dem Buch. Ich war erfüllt von einer tiefen Freude, Schriftsteller zu sein. Als ich aber meinen Töchtern den Text zu lesen gab, sagte die Jüngere:

„Papa, dieser Text ist so langweilig, das will kein Kind auf der ganzen Welt lesen."

Für Bruchteile einer Sekunde erwog ich, augenblicklich meine schriftstellerische Arbeit zu beenden. Aber ich fasste mich genauso schnell wieder:

„Bitte nehmt diesen roten Stift und streicht alles an, was euch nicht gefällt, und ergänzt, was fehlt."

Ich wollte das Projekt Buch nicht gleich aufgeben. Ich hatte damals schon das Gefühl, dass es mir später im Leben noch viel Spaß machen könnte.

Als ich das Manuskript zurückbekam, war es voller roter Einträge, aber ich habe nicht aufgegeben – und das Buch wurde ein ziemlicher Erfolg, nachdem es endlich veröffentlicht wurde.

„So wurde aus dem Diplomaten der Märchenonkel", lautet der Titel eines Vortrags, den ich schon oft gehalten habe und der mich lebendig hält.

Mein Leichtsinn und meine Impulsivität hatten sich ausgezahlt und sich als Volltreffer erwiesen.

27

DEINE INTERESSEN KÖNNEN SICH BEZAHLT MACHEN

Mittlerweile habe ich schon zwölf Kinder- und Jugendbücher mit historischem Hintergrund geschrieben. Die Einnahmen daraus versüßen mir das Leben und decken zum Beispiel die Werkstattkosten für meinen Rover.

Untersuchungen haben ergeben, dass immer mehr Ältere ein eigenes Unternehmen gründen, um auf diese Weise ihre zusätzlichen Einkünfte steuerlich absetzen zu können.

Heutzutage stammen etwa 22 Prozent der Einkünfte aller Rentner aus Zusatzeinnahmen dieser Art. Das ist ein neuer Trend, der auf lange Sicht den Arbeitsmarkt verändern kann. Zunehmend mehr ältere Mitbürger beschäftigen sich mit guten Sachen, die sich auch noch bezahlt machen.

Ein Beispiel:

Mein Großvater mütterlicherseits verbrachte sein gesamtes Leben als armer Offizier. Er war vielseitig begabt und meldete mehrere Patente an in der Hoffnung, sich eines Tages mit etwas beschäftigen zu können, das ihm Spaß machte und Geld einbrachte. Die Lösung fand er erst, als er begann, englischen Tee der Marke Twinings aus London zu importieren.

Sein Interesse für Tee wuchs und schließlich gründete er seine eigene Teefirma und reiste durch unser Kaffee trinkendes Land, um sich für Tee einzusetzen.

„Teemajor" nannten die Leute ihn in den lokalen Zeitungen.

Aber der Verkauf stieg Jahr um Jahr. Seine größten Erfolge feierte er im Alter von 65 Jahren, als er bis zu 22 verschiedene Teesorten verkaufte und zehn Jahre lang königlicher Hoflieferant war.

Als er schließlich die Firma verkaufte, erzielte er einen ordentlichen Gewinn. Nur wenige Wochen nach seinem 75. Geburtstag unterschrieb er den Kaufvertrag und zahlte das Geld auf der Bank ein. Wenige Meter von der Bank entfernt erlitt er einen schweren Herzinfarkt und starb auf der Stelle. Er hatte jeden Tag seiner Pensionierung genossen und war schon früh zu meinem Vorbild geworden.

28

GENIESSE DEINE GESELLSCHAFT

Als Autor habe ich ununterbrochen mit spannenden Dingen zu tun. Ich habe keine Zeit, auf dem Sofa herumzulungern, sondern freue mich auf meinen Arbeitsplatz am Schreibtisch vor dem Computer. Damit das glückt, musste ich lernen, mich in meiner Gesellschaft wohlzufühlen – und das viele Stunden am Stück. Die Kunst, nicht allen Impulsen sofort nachzugeben, erfordert ein bisschen Übung. Aber es wird auch dir in Zukunft zugutekommen. Denn, glaube mir, die Anzahl der einsamen Stunden wird mit den Jahren zunehmen.

Die Bücher, die ich heute lese, sind meist relevant für mein nächstes Buchprojekt. Das hat den Vorteil, dass ich weitaus bewusster lese und mich daran erinnern kann, so wie damals als Student.

Es ist wichtig, dass das Lesen zielorientiert ist – ganz gleich, ob du danach einen kleinen Artikel in der Lokalzeitung veröffentlichst oder in einem Lesezirkel darüber sprichst. Unser Gehirn dankt es uns.

Wenn man das nicht tut, führt das leider häufig dazu, dass man einschläft und erst wieder aufwacht, wenn das Buch auf den Boden gefallen ist.

Sein Gehirn zu beschäftigen ist essenziell. Gehirnjogging nennt man das. "Use it or lose it", sagen die Amerikaner.

29

ZURÜCK AN DIE UNI

Mich hat immer gewurmt, dass ich so wenig über die Antike wusste, über das Leben im antiken Athen und Rom, obwohl ich sogar Latein in der Schule hatte.

Die Antike bildet das Fundament unserer westlichen Zivilisation, der schwedischen eingeschlossen, auch wenn das leider immer weniger Leute so sehen.

Jetzt sollte diese Bildungsreise endlich stattfinden.

Ich schrieb mich für den Grundkurs „Kultur und Gesellschaft in der Antike" an der Universität ein. Dadurch bekam mein Vorhaben erst Substanz, denn schließlich waren an die Anmeldung Bedingungen geknüpft. Ich bekam qualifizierte akademische Lehrer zugewiesen, um mit ihnen über verschiedenste Themen zu diskutieren. Die Tatsache, dass in Schweden der Besuch der Universität nichts kostet, ist ein unglaubliches Geschenk. In anderen Ländern gibt es spezielle Angebote für ein Studium im Alter, für das allerdings Gebühren erhoben werden.

Am Anfang wollte ich nur Seminare besuchen und die entsprechende Literatur lesen, aber keine Prüfungen absolvieren. Nach einer Weile aber hatte ich Feuer gefangen und wurde so ehrgeizig, dass ich mich auch zur Prüfung anmeldete.

Nach einigen Semestern hatte sich in mir der Wettbewerbseifer entfacht und ich wollte gute Noten erzielen, um mit meinen jungen Kommilitonen mithalten zu können.

Ich bin ein sehr fleißiger Student und habe großen Spaß dabei. Aber ich belege nur im Sommersemester, das in Schweden von Januar bis Mitte Juni dauert, Kurse. Schließlich brauche ich auch noch Zeit für andere Vorhaben.

30

REISEN MIT PROJEKT MACHT DOPPELT SPASS

Wenn ich auf Reisen gehe, suche ich mir Orte aus, die mit meinen Buchprojekten zu tun haben. Das führt dann dazu, dass ich stundenlang über das Forum Romanum in Rom schlendere, um mich in die Senatoren hineinversetzen zu können, die sich so auf ihre Reden vor den Volksvertretern in der Curia vorbereitet haben. Es macht Spaß, neue Zusammenhänge zu entdecken und Aha-Erlebnisse zu haben.

31

BESCHÄFTIGE DICH MIT GESCHICHTE

Wenn du keine besondere Vorliebe für ein Themengebiet hast, suche dir einen Fachbereich aus der Geschichte aus. An der Universität werden die unterschiedlichsten Fächer angeboten: Neue Geschichte, Alte Geschichte, Wirtschaftsgeschichte, Geistesgeschichte, Kunstgeschichte, Literaturgeschichte, Musikgeschichte, Religionsgeschichte.

Wir älteren Studenten bringen die besten Voraussetzungen für ein Geschichtsstudium mit. Man muss einen historischen Überblick und die Fähigkeit zum Perspektivenwechsel besitzen – alles Eigenschaften, die wir uns im Laufe unseres langen Lebens angeeignet haben. Das ist eindeutig ein Wettbewerbsvorteil, der uns sehr nützlich sein kann.

Und wer weiß, vielleicht – oder sogar sehr wahrscheinlich – entfachst du dein Interesse für eine bestimmte Epoche, entdeckst neue Aspekte in Altbekanntem oder erweiterst deinen Horizont ganz einfach mit neuem, spannendem Wissen.

32

MIT DEN JUNGEN DISKUTIEREN

Die Auseinandersetzung mit jüngeren Kommilitonen ist eine Herausforderung. Dabei lernt man unglaublich viel. Und sie wiederum wissen deine Erfahrung zu schätzen, solange du nicht einfach drauflos plapperst. Der Alterungsprozess lässt sich hervorragend in Schach halten, wenn man mit seinen Büchern unterm Arm auf dem Campus in die Mensa geht und mit anderen Kommilitonen diskutiert.

Es tut gut, von Jüngeren umgeben zu sein und sich über gemeinsame Prüfungsaufgaben auszutauschen. Sie haben ganz andere Interessen und einen anderen Blick auf die Dinge.

Allerdings teilen wir ein gemeinsames Interesse:
Wir Alten haben schon lange gelebt.
Die Jungen wollen lange leben.

Wie bewerkstelligt man das am besten?

Wir sind es den Jungen schuldig, ihnen das Alter von seiner besten Seiten zu zeigen.

Darum sollte man es unterlassen, vor jungen Menschen zu klagen und zu schimpfen. Dann ziehen sie sich sofort zurück.

Ein weiteres Mal möchte ich den klugen Cicero zitieren: „Ich schätze den Jüngling, der die Eigenschaften eines alten Mannes hat, genauso wie den alten Mann, der Züge des Jünglings hat. Denn wer so geartet ist, wird vielleicht körperlich altern, aber niemals im Geiste."

Die Situation ist also nicht vollkommen hoffnungslos.

33

LASS DEN DINGEN IHREN LAUF

Bisher habe ich einen Grundkurs und drei Seminare belegt. Eins führte zum anderen, ohne viel Planung. Ich hatte eine großartige Zeit und habe viel gelernt. Die Menschen der Antike sind zum Leben erwacht und ich habe eine neue Perspektive hinzugewonnen. Im besten Fall wird daraus sogar ein neues Buch. Kurz und gut, der glückliche Rentner hat ein neues Interessensgebiet entdeckt und ein neues Projekt in Angriff genommen.

34

IMMER EIN NEUES PROJEKT VOR AUGEN

Beginne die Jahreszeiten Frühling und Herbst mit einem neuen Projekt. Genau wie dein Körper braucht auch dein Gehirn Bewegung. Es lohnt sich, sich diesen Satz immer wieder vor Augen zu führen. Solange du lernst und dich weiterentwickelst, alterst du nicht wirklich.

Du kannst auch ein Ritual daraus machen und es mit einem symbolischen Akt einläuten, wenn du ein neues Projekt beginnst. Wenn ich beispielsweise mit einem neuen Buch anfange, starte ich gern am Neujahrsmorgen um acht Uhr. Dann liegt das ganze Jahr noch vor mir und ich fühle mich reich an Zeit und Möglichkeiten.

Natürlich bin ich auch ein bisschen überheblich, wenn ich so dasitze und an all diejenigen denke, die noch im tiefen Schlaf liegen, weil sie am Abend zuvor zu viel getrunken haben, während ich frisch und frei am Schreibtisch sitze und in die Tasten haue. Das ist ein großartiger Motivationsschub.

35

HALTE DEN KONTAKT ZUR GEMEINSCHAFT

Es ist wichtig, in Kontakt mit anderen zu bleiben, um sich seine Neugier zu bewahren und nicht zum Miesepeter zu werden.

Ich bin Schöffe und juristischer Gutachter für das Bauamt meiner Kommune. Dort begegne ich Menschen jeden Alters und unterschiedlicher sozialer Herkunft und umschiffe dadurch hoffentlich eine gängige Falle: sein Alter und die Entwicklung der Gesellschaft gleichzusetzen. Man kann sich nicht über die Zeit beschweren, ohne sich selbst zu schaden. Es ist viel besser, sich auf die neue Zeit einzulassen, denn darin leben wir, vergiss das nicht.

Die Politik ist in den letzten Jahren immer großzügiger und entgegenkommender geworden und es gibt für interessierte Alte viele Möglichkeiten, sich einzubringen. In den Stadtverwaltungen des Landes ist der Anteil an Mitgliedern über 65 Jahre seit 2010 auf 17 Prozent gestiegen. Aber mit über 70 Jahren wiederum scheint es schwieriger zu werden. Je früher du anfängst, umso besser.

36

WENDE DICH NICHT VON DER NEUEN TECHNIK AB

Die Technik verändert sich in rasantem Tempo. Darum ist es umso wichtiger, diese Entwicklung nicht zu verpassen. Aber du musst dich für das entscheiden, was dir Spaß macht. Du kannst nicht auf allen Hochzeiten tanzen.

Ich für meinen Teil liebe die Textverarbeitung, den E-Mail-Verkehr und die Suchmaschinen. Ich bestelle mir auch Bücher im Netz oder buche dort meine Reisen.

Mit meinen Kindern, die in den USA leben, skype ich – und das ist ganz umsonst.

Für all diejenigen, die nicht immer und überall online und verfügbar sein wollen, gibt es eine Lösung: die App MacFreedom. Aber bis dahin bin ich meine eigene Freiheitsapp. ☺

Für Facebook habe ich bisher noch keine Verwendung gefunden. Ich habe sowieso schon so viele Freunde und Bekannte, die ich alle gar nicht regelmäßig treffen kann. Außerdem bin ich mir auch nicht ganz sicher, ob ich Klassenkameraden aus der Grundschule überhaupt wiedersehen möchte. Zumindest jetzt noch nicht.

Ich will auch nicht verfolgen, welchen Status meine Kinder haben. Ich bin ihr Vater und nicht ihr Freund.

37

STÜRZE DICH INS VEREINSLEBEN

Es macht Spaß und gibt einem ein gutes Gefühl, wenn man anderen Rat geben kann. Vor allem zwischen dem 60. und 70. Lebensjahr hat man ausreichend Lebenserfahrung und kann häufig mit guten Ratschlägen behilflich sein. Man hat den besten Überblick und wird nicht mehr von kurzsichtigen Interessen geleitet.

In unserem Land werden dieses Wissen und sein Potenzial nicht wahrgenommen. Ganz anders in den USA. Dort werden die Erfahrungen und Bemühungen der älteren Mitbürger geschätzt. Darum sind sie in Ausschüssen oder Vorständen von Firmen oder Vereinen bis ins hohe Alter hinein willkommen. So will man Alte und Jüngere miteinander ins Gespräch bringen. Was den Jungen sehr zugutekommt, ganz zu schweigen von den Alten.

Aber die Situation verbessert sich langsam, auch bei uns. Schweden hat als letztes EU-Land ein Gesetz gegen Altersdiskriminierung verabschiedet. Die jungen Finanzwelpen, die eine Finanzblase nach der anderen erzeugen, haben die Wirtschaft immer wieder in den Sand gesetzt. Immobilien, Kunst, Aktien, IT-Branche, Pflegefirmen – sie haben in den vergangenen zwanzig Jahren mit allem spekuliert. Darum drohten die USA und die EU in der Schuldenkrise zu versinken. Aber Alter und Erfahrung werden ganz sicher in der zukünftigen, stabileren Gesellschaft immer stärker an Bedeutung gewinnen. Wir Alten werden gebraucht, aber wir müssen uns beweisen.

38

DIE NACHRICHTEN HABEN NICHT DAS SAGEN

Die Nachrichtensendungen im Radio und Fernsehen zerhacken unsere Zeit. Als frisch Pensionierter neigt man dazu, mehrmals am Tag Nachrichten zu hören und abends auch noch mal. Die meisten stellen allerdings schnell fest, dass sich diese im Laufe des Tages immer wiederholen, dieselben Interviews, dieselben Stimmen. Also, raus aus dem Sessel!

Ich vermeide es, morgens das Radio anzustellen, um in Ruhe meine Zeitung lesen zu können, und mich nicht durch die Stimme aus dem Radio aufregen zu lassen. Das ist selten ein guter Start in den Tag.

Ebenso vermeide ich es, mir die Nachrichten im Fernsehen anzusehen, weil es so verführerisch ist, danach einfach sitzen zu bleiben. Jeder Schwede verbringt im Durchschnitt siebeneinhalb Jahre seines

Lebens vor dem Fernseher, also hüte dich vor dieser Zeitverschwendung, da sonst nicht mehr viel Zeit übrig bleibt.

Ich höre im Radio am liebsten Sendungen wie *Echo des Tages*, dort bekomme ich eine gute Zusammenfassung der Tagesaktualitäten.

Das Beste am Radiohören ist, dass man nebenbei noch so viel machen kann. Nach meiner Hüftoperation habe ich zu den Nachrichten meine Krankengymnastik gemacht. Rechnungen überweisen, die Buchhaltung machen oder andere langweilige Dinge – all das kann man großartig erledigen, während gleichzeitig ein interessantes Programm läuft.

39

AUGEN WEG VON DER UHR

Ununterbrochen auf die Uhr zu sehen, ist die beste Methode, um den Zauber eines Abendessens, eines Kinofilms, einer Theatervorstellung oder eines Konzertes zu zerstören. Ich habe einen viel zu großen Teil meines Lebens damit verbracht, mir sehnsüchtig das Ende eines Konzerts, einer Oper oder einer Theatervorstellung herbeizuwünschen.

Aber jetzt ist die Zeit gekommen für die großen Kunst- und Kulturerlebnisse. Jetzt oder nie. Die Voraussetzungen sind niemals besser gewesen.

„Ihr habt die Uhren, wir die Zeit", haben meine afrikanischen Freunde immer gesagt. Das ist ein sehr kluger Satz.

Also, Augen weg von der Uhr. Allerdings solltest du zumindest den aktuellen Wochentag kennen. Ein übergreifendes Zeitgefühl ist nämlich auch für einen glücklichen Rentner wichtig. Ansonsten riskierst du es, anderen Leuten gegenüber als zu exzentrisch zu gelten – oder eben einfach nur als ein verwirrter, alter Mann.

40

FIT IM ALLTAG

Die beste Methode, sich fit zu halten, ist tägliche Bewegung. Ich habe zwar ein Auto, gehe aber meistens zu Fuß zum Einkaufen oder nehme das Fahrrad. Ich fahre auch nicht die ganze Strecke mit dem Bus, wenn ich zu einem Meeting oder einer Verabredung muss. Und Taxifahren ist zu teuer und schwächt meine Kondition. Versuche, dich jeden Tag zu bewegen, denn Kondition ist kurzlebig und leicht verderblich. Sonst läutest du das Alter nur früher ein, als es sein muss.

Darum ist es sinnvoll, jedes Mal einen kleinen Spaziergang einzubauen, wenn du irgendwohin musst. Dann kannst du mit gutem Gewissen einen ruhigen und gemütlichen Abend genießen.

Aber du solltest dir auch andere physische Aktivitäten vornehmen, längere Spaziergänge oder Fahrradtouren. Nordic Walking ist sehr empfehlenswert, aber dabei solltest du schneller laufen als sonst. Am besten ist es, wenn du ins Schwitzen kommst. Ausruhen kannst du dich, wenn du richtig alt geworden bist.

Wassergymnastik hat den großen Vorteil, dass Wasser einen Großteil deines Körpergewichts trägt und du so deine Gelenke schonst. Auch Langlauf und Schwimmen sind geeignet. Und Golf können vor allem die spielen, die ein neues Hüftgelenk haben!

Denk an deine Belohnung, wenn du an einem dunklen Herbsttag aus dem Fenster siehst und dich drücken willst. Je mehr du dich bewegst, desto besser schläfst du. Und dein Idealgewicht rückt in greifbare Nähe. Dann geht es dir besser, dein Kinn bekommt keine doppelte Gesellschaft und du schläfst beim Lesen nicht ein. Außerdem siehst du frisch und agil aus, ganz wie ein glücklicher Rentner!

41

FINGER WEG VON DER KEKSDOSE

Ein ordentliches Frühstück, Mittagessen mit Freunden und Abendessen im Kreise der Familie – mehr benötigt der Körper nicht. Das Risiko, an den Kühlschrank oder die Keksdose zu gehen und zu naschen, nimmt nach der Pensionierung immens zu. Zudem stellt sich ja auch nie eine Befriedigung ein, im Gegenteil, meist bekommt man schlechte Laune und fühlt sich unwohl. Das wissen wir alle, die wir mit Gewichtsschwankungen zu kämpfen haben. Nachts zu essen, aktiviert das ganze System und führt zu unruhigem Schlaf.

Außerdem ist es nun zu spät für Diäten. Dein Körper hat seine Form gefunden. Du würdest nur ausgezehrt und krank aussehen. Also versöhne dich mit deinen Vergnügungskilos.

Der Genuss

42

DU KANNST AUCH STOPP SAGEN

Puh, der stresst hier ganz schön rum, denkst du dir jetzt vielleicht? Aber es ist besser, sich zu viel vorzunehmen und dann herunterzuschrauben, als gar nichts versucht zu haben. Denn wenn es dir zu viel wird, zögere keine Sekunde und sage Stopp. Beende das, was nicht so geworden ist, wie du es dir vorgestellt hast.

Du kannst jeden Vorstandsposten wieder abgeben, Kurse vorzeitig beenden und musst auch das Buch nicht fertig lesen, das dir nicht gefällt. Du kannst das Theater nach dem ersten Akt verlassen, lass dich nicht von irgendwelchen Konventionen abhalten. Du allein bestimmst über deine Zeit.

43

NICHT MEHR ALS EINEN TERMIN PRO TAG

Organisiere deine Zeit so, dass du nicht mehr als einen Termin am Tag hast. Die restliche Zeit ist für deine Familie, den Sport und deine Hobbys reserviert sowie für ein kleines Nickerchen, das im besten Fall zu neuen Ideen und Initiativen führt.

Es geht darum, den eigenen, natürlichen Rhythmus zu finden. Ansonsten bekommst du unweigerlich Stress und zu wenig Stimulanz und die Tage ziehen vorbei, ohne dass du etwas geschafft hast. Und das führt wiederum zu großer Unzufriedenheit, die unsere Fantasie und Freiheit nur unnötig beschneidet.

Meine Zeit hat sich auf eine angenehme Geschwindigkeit eingependelt. Sie folgt tatsächlich meinem Takt. Das ist ein erster kleiner Schritt zu einem harmonischen inneren Gleichgewicht und somit zu dem bisschen

Weisheit, das ich dankbar annehme. Als ich noch voll berufstätig war, hetzte ich immer durch den Tag, um alles zu schaffen. Ich sehnte mich nie danach, weiterzukommen, meistens nur wegzukommen. Ab jetzt will ich anwesend sein, im Hier und Jetzt leben und nicht in Gedanken woanders sein. *Mindfulness* heißt das neue Modewort und man kann sündhaft teure Kurse belegen, um es zu erlernen.

44

LEBE UND GENIESSE!

Das Wichtigste ist nicht, was du tust und ob dein Tun zu einem Ergebnis führt, sondern dass du zu hundert Prozent anwesend bist. Das Vergnügen am Genuss kann man sich antrainieren, weil es vor allem mit der inneren Einstellung zu tun hat.

Das kann man gar nicht oft genug sagen. Der Fluch des heutigen Arbeitslebens ist es, dass wir nur noch von Aufgabe zu Aufgabe und von Meeting zu Meeting hetzen, ohne innezuhalten, um nachzudenken oder uns mit etwas ernsthaft auseinanderzusetzen.

Als freier Mann kannst du endlich dein Tun und Handeln genießen – und wenn du das nicht tust, solltest du mit dieser oder jener Beschäftigung augenblicklich aufhören und etwas anderes ausprobieren. Du bestimmst über dein Leben und sonst niemand.

45

NUTZE DIE FRÜHEN MORGENSTUNDEN

Ich wache morgens immer früh auf, obwohl ich das jetzt gar nicht mehr muss. Ich frühstücke im Bett und lese dabei Zeitung, ein wunderbarer Luxus, den ich täglich aufs Neue genieße. Manchmal führe ich dann folgendes Gespräch mit mir:

„Du kannst nicht noch länger liegen bleiben."

„Oh doch, das kann ich!"

Ich lese auch nur noch eine Zeitung, damit ich keinen Stress bekomme und alles in Ruhe durchblättern kann. Die meisten Zeitungen bestehen aus mehreren Teilen, durch die man sich bequem durcharbeiten kann.

Nach dem ausgiebigen Frühstück mache ich einen Spaziergang, gehe schwimmen, Fahrrad oder Ski fahren, um mich zu bewegen und an die frische Luft zu kommen. Danach fange ich mit dem Schreiben an. Morgens kann man schon so viel erledigen!

46

ES LEBE MEIN NICKERCHEN!

Oft befällt einen am Nachmittag eine Müdigkeit, und der sollte man nachgeben, wenn es geht. Denn du musst nicht immer etwas tun, du kannst auch einfach mal sein. Das ist eine kluge Einsicht, wenn nicht sogar eine weise.

Außerdem vermeidest du mit einem kurzen Nickerchen, abends im Kreise der Familie und Freunde einzuschlafen, was in unserem Alter gerne mal passiert.

Es ist herrlich einfach einzudösen, aber dafür sollte man auf dem Bett unter einer Decke liegen oder es sich auf einem Liegestuhl bequem gemacht haben. Ein Kissen mit einem kühlen Bezug erhöht das Vergnügen beträchtlich, wenn man in den warmen Jahreszeiten draußen schläft. Ich besitze eine Sammlung von Augenmasken der verschiedensten Fluggesellschaften, mit denen ich zu jeder Tageszeit und überall wunderbar einschlafen kann.

Wir freien Menschen müssen auch nicht sofort wieder aufspringen, wenn wir aufwachen. Ich schwebe ein paarmal an die Oberfläche meines Bewusstseins und lasse mich dann wieder in den Schlaf sinken. Das ist ein vollkommen unterschätztes, großes Vergnügen, das kann ich euch versichern.

47

EIN HOCH AUF DEN HUMOR

Lachen hält gesund, heißt es. Das ist übrigens auch wissenschaftlich bewiesen: Beim Lachen werden Endorphine im Körper ausgeschüttet und die erzeugen ein Glücksgefühl.

Nie trifft das so sehr zu wie im späteren Teil des Lebens. Außerdem gibt es jetzt mehr Anlässe zu lachen – und man traut es sich eher, wenn man älter wird.

Natürlich ist es nicht immer einfach, sich selbst zum Lachen zu bringen. Aber auch da gibt es Hilfe. Besorg dir ein paar alte Filmklassiker, am besten Komödien. Ich liebe zum Beispiel die Dick-und-Doof-Filme. Man muss einfach lachen, wenn die beiden durch die Gegend stolpern.

Meinen Krankheiten gegenüber habe ich einen besonderen Galgenhumor entwickelt. Ich mache

Witze über den Tod und das hilft mir über schwierige Situationen hinweg. Humor ist eine effektive Methode, um aus sich herauszutreten, was sehr hilfreich sein kann, wenn man gerade in die schmale Röhre eines Magnetresonanztomographen geschoben wird.

48

LANG LEBE DIE HOFFNUNG

Es heißt, die Hoffnung stirbt zuletzt. Leider begegne ich oft einer ganzen Reihe von Männern, die ihre Hoffnung schon frühzeitig begraben haben. Die Erklärung dafür wird ihre Einsamkeit sein, denn die Hoffnung nährt sich aus dem sozialen Miteinander, eigenen Projekten und dem Interesse an anderen und gibt im Gegenzug der Sehnsucht und dem Glauben an die Zukunft wieder neue Nahrung. Denn unsere Zukunft gestalten wir selbst, nach wie vor. Das sind gute und schlechte Kreisläufe, aber wir können sie beeinflussen.

49

EIN BISSCHEN DÄNISCHER WERDEN

Die Schweden hatten schon immer den Eindruck, dass die Dänen mehr Spaß haben als sie – und das finden die Dänen auch.

Mehrere europäische Studien haben gezeigt, dass die Dänen tatsächlich an der Spitze der Liste stehen, wenn es um Lebensfreude geht. Sie scheinen zum Beispiel doppelt so viel zu lachen wie wir Schweden.

Das muss am Schnaps liegen, am Bier, dem vielen Rauchen und dem Plundergebäck.

Allerdings sind die Dänen nicht an der Spitze, wenn es um die Lebenserwartung geht. Da führen nämlich wir Schweden.

Und doch: Könnten wir nicht ein kleines bisschen dänischer werden? Ein bisschen fröhlicher und glücklicher – das würde uns allen gut tun.

50

ODER EIN BISSCHEN AMERIKANISCHER WERDEN

Ich habe insgesamt über zehn Jahre in den USA gelebt, in New York und Washington. Schon als kleiner Junge hatte ich immer den Eindruck, dass amerikanische Männer mehr Spaß haben als mein Vater und seine schwedischen Freunde. Sie kleideten sich schon damals farbenfroher und hatten Hobbykeller und Werkstätten, in denen sie lustige Sachen machten. Letztendlich ist es auch genau diese Lebenseinstellung, die für die amerikanischen Fortschritte in Silicon Valley verantwortlich sind.

Als ich erwachsen wurde, verstärkte sich dieser kindliche Eindruck. Meine gleichaltrigen amerikanischen Verwandten hatten Oldtimer in ihren Garagen stehen. Mein Cousin Arthur beispielsweise hat gerade erst eine Reise in seinem alten Franklin Jahrgang 1932 quer durch Amerika beendet. Er hat die Route 66 befahren, für ihn eine Reise durch Zeit und Raum. Der Höhepunkt war die Teilnahme am Treffen des Franklin-Clubs in Colorado, wo die Besitzer mit ihren Autos zusammenkamen, um ein fröhliches Wochenende zu verbringen.

„Woher wusstest du, dass es dein Wagen bis nach Colorado schaffen würde?", fragte ich ihn besorgt.

„Darin bestand doch gerade das Abenteuer", antwortete er.

Wir könnten ein bisschen verspielter sein. Nicht schon die Probleme im Voraus sehen und, wenn sie dann tatsächlich eintreten sollten, sie nicht so bierernst nehmen. Hand aufs Herz, wir haben nicht mehr so viele wichtige Termine, zu denen wir unbedingt pünktlich erscheinen müssen, oder?

Unter Freunden

51

PFLEGE DEINE FREUNDSCHAFTEN

Die Pflege seiner Freundschaften gehört ebenfalls zu den Privilegien des Alters. Wir haben jetzt Zeit, unsere Kontakte zu alten oder neuen Freunden zu vertiefen und Zeit miteinander zu verbringen.

Aber das ist gar nicht so einfach, wie es klingt. Alle scheinen immerfort beschäftigt zu sein oder sie tun so, als ob, und da möchte man nicht immer derjenige sein, der ständig anruft. Einen vollgepackten Terminkalender zu haben, scheint zum frischgebackenen Rentnerdasein dazuzugehören. Alle haben sie panische Angst davor, als Faulpelz dazustehen. Oder ist das ein Verteidigungsmechanismus? Weil Einsamkeit tabu ist?

Wenn du deine Freunde wegen des Jobs vernachlässigt hast, kann es lange dauern, diesen Kontakt wiederherzustellen. Dasselbe gilt, wenn man viele

Jahre im Ausland gelebt hat. Deine Freunde haben in der Zeit neue Kontakte geknüpft, was manchmal schmerzhaft und schwer einzusehen ist.

Um Freundschaften wieder Leben einzuhauchen, die eine Zeit lang brachgelegen haben, braucht es eine Weile. Darum ruf am besten schon heute an.

52

FREUNDE FÜRS ALTER

Langjährige Freundschaften ermöglichen einem eigentlich am besten, den Menschen als Ganzes zu begreifen und dadurch auch ein besseres Verständnis dafür zu bekommen, wer man selbst ist. Jetzt hast du die Möglichkeit, deine Freundschaften und Einsichten zu vertiefen.

Das ist äußerst wichtig, denn die größte Klage der Toten – wenn man sie denn fragen könnte – wäre bestimmt, dass sie Zeit ihres Lebens von niemandem richtig verstanden und gesehen wurden. Also freue dich darüber, dass es bei dir noch nicht zu spät ist und dir noch viele positive Erlebnisse bevorstehen.

53

DIE MITTAGSTISCH-GANG

Organisiere mit ein paar Freunden, dass ihr euch ein paarmal im Monat zu einem festen und regelmäßigen Termin trefft und essen geht. Das ist eine wichtige Investition, da Männer in der Regel über ein schlankeres soziales Netzwerk verfügen als Frauen und darum auf ihre alten Tage immer einsamer werden.

Bereits vor meiner Pensionierung hatte ich wieder Kontakt zu meinen ältesten Freunden aus Studientagen aufgenommen und wir beschlossen, uns jeden ersten und dritten Dienstag im Monat zum Mittagstisch in unserem Stammrestaurant zu treffen. Wer Zeit hat, kommt.

Wir sind zwölf Männer und ich bin zuständig für die Reservierung. Zur Sicherheit haben wir unsere Gruppe „Die glücklichen Rentner" genannt, um gleich vorab den Ton und die Stimmung des Treffens anzugeben. Das genügt schon, um großen Spaß zu haben, wenn wir uns sehen. An diesen Tagen bekomme ich garantiert meine Dosis Lachsalven und die Luft ist voller Endorphine.

Es tut gut, die kleinen Beeinträchtigungen des Alters in einer Gruppe von Vertrauten abzugleichen. Ach, ich bin gar nicht der Einzige, der nachts von Wadenkrämpfen wach wird? Gut zu wissen.

Die Treffen der Mittagstisch-Gang finden ohne vorherige Telefonate und Absprachen statt.

„Die glücklichen Rentner" kennen sich seit ihrer Kindheit, was auch eine gute Rückversicherung ist, falls einen mal die Erinnerung im Stich lässt. Tief im Inneren sind wir nach wie vor die 20-Jährigen, die sich an dieselben Dinge erinnern. Darum haben wir auch immer Gesprächsthemen und viel Freude.

Ab und zu schlägt einer von uns vor, nach dem Essen noch ins Museum oder ins Kino zu gehen. Mit einem aus der Gruppe spiele ich manchmal nachmittags noch Backgammon. Das schenkt mir ein unglaubliches Gefühl von Freiheit und erinnert mich an meine Kindheit:

„Kann Dagge zum Spielen rauskommen?"

„Klar, kann er das!"

Das Leben ist vor dem 12. und nach dem 65. Lebensjahr am besten.

54

MITGLIED IN EINER VEREINIGUNG WERDEN

Nimm ruhig teil an den vielen verschiedenen Vereinigungen und Clubs, die es gibt, und den gesellschaftlichen Events. Dank meiner Mitgliedschaft im Rotary Club habe ich jeden Mittwoch einen festen Mittagstermin. Das ist ein ganz anderes und noch jüngeres Netzwerk, in dem auch Frauen sind. Dort haben wir Vortragsreihen mit unterschiedlichsten Referenten, die meistens mitten im Leben stehen. Und hinterher diskutieren wir mit ihnen über die Themen. Am besten wirst du schon vor deiner Pensionierung dort Mitglied. Damit würdest du auch zur Verjüngung des Clubs beitragen, denn von uns Rentnern gibt es dort schon genügend.

55

ALTER ARBEITSPLATZ – BESUCHSFREIE ZONE!

Du solltest es tunlichst unterlassen, deinen alten Arbeitsplatz zu besuchen. Dein Name an deiner Bürotür wurde schon am Tag deines Abschiedes entfernt. Deine ehemaligen Mitarbeiter haben einen neuen Vorgesetzten und andere Arbeitsabläufe. Du bist nicht mehr Teil ihres Netzwerkes.

Vielleicht sind sie gerade auf dem Weg zum Mittwochsmeeting und plötzlich stehst du da im Flur und hältst sie auf. Sie haben es eilig und du hast alle Zeit der Welt.

Das wird für keinen von euch angenehm.

Ob ich mich mit ehemaligen Arbeitskollegen treffe? Aber ja, allerdings nur mit denen, die zu persönlichen Freunden geworden sind. Und sie gehören auch nicht zu meiner Mittagstisch-Gang. Bei der Arbeit hatten wir alle unweigerlich eine Rolle eingenommen und es ist befreiend, nicht mehr in dieser Rolle festzustecken.

Vor Kurzem kam ich an meinem ehemaligen Arbeitsplatz vorbei. Ich sah an der Fassade des Gebäudes hoch und hatte dasselbe Gefühl, das mich an meiner alten Schule ergriff: „Stimmt, da bin ich auch mal hingegangen."

Das gab mir ein unglaubliches Gefühl von Freiheit.

56

DIE BESTEN „UNECHTEN" FREUNDE

Einige meiner sehr guten Freunde leben nicht in meiner Wirklichkeit, sondern existieren nur in der Literatur, in der sie aber für immer lebendig bleiben. Diese Freunde suche ich in Abständen immer wieder auf, weil sie mir eine neue Perspektive auf das Leben zeigen – und auch ein bisschen Trost spenden. Probiere es selbst einmal aus.

In meinem Leben haben Anton Tschechows Dramen eine große Rolle gespielt. Egal, in welcher Stadt ich mich aufhalte, ich kaufe Tickets für ein Tschechow-Stück, falls es gerade gespielt wird. Die jeweilige Sprache hat dabei keine Bedeutung, denn ich kenne alle Stücke auswendig. Tschechow war der Erste, der den Alltag zum Drama machte, und Alltag kennen wir alle.

„Aber wir müssen doch unser Leben leben, was auch immer aus uns wird", sagt Mascha in *Drei Schwestern*.

Die Zeit verstreicht unaufhaltsam und alle werden älter. Als junger Mann habe ich mich mit dem Idealisten Konstantin in Tschechows *Die Möwe* identifiziert, der seine großen Ideen als Schriftsteller umsetzen wollte. Als Mann mittleren Alters zog es mich zu *Onkel Wanja*.

Jetzt entspreche ich wohl eher dem gemächlichen Gajew aus *Der Kirschgarten*, dem liberalen Onkel, der hochtrabende Vorträge über alles Mögliche hält und dem das Leben so leicht zu fallen scheint. Er würde hervorragend in unsere Runde „Die glücklichen Rentner" passen.

Aus Tschechows Rollenkontingent steht bald nur noch der 87-jährige Lakai Firs aus *Der Kirschgarten* zur Verfügung. Aber bis dahin habe ich noch ein bisschen Zeit.

Gerader Rücken

57

SCHICK GEMACHT

Die Treffen mit meiner Mittagstisch-Gang und andere Termine in der Öffentlichkeit haben den großen Vorteil, dass ich mich herausputzen muss. Die glücklichen Rentner tragen alle Jackett und Krawatte, wenn wir uns in unserem Restaurant treffen.

Krawatte, Fliege oder geschlossener Hemdkragen sind nicht nur schick, sie verdecken auch vortrefflich den Truthahnhals, wie er gerne genannt wird. Und wir sehen gleich viel glücklicher und fitter aus, wenn wir auf die Straße treten.

Nichts ist trauriger, als einem ehemaligen Kollegen in der Stadt in abgetragener Kleidung zu begegnen. Natürlich habe ich auch alte und abgetragene Kleidungsstücke, aber die trage ich nur zu Hause, im Garten, im Wald und auf dem Fahrrad.

In der Antike entschied das Aussehen darüber, ob ein Mann als alt angesehen wurde oder nicht. Es war nicht das tatsächliche Alter, das die meisten geheim hielten. Auch in unserer Gesellschaft ist es von Bedeutung, den körperlichen Verfall mit ein wenig Eleganz aufzufangen. Wenn man Freunde und Bekannte trifft, sehen sie einen glücklichen, frisch rasierten und gutaussehenden Rentner im besten Alter, der das Leben zu genießen scheint.

Wir dürfen nicht alle Rollen und Funktionen aufgeben, die wir früher bekleidet haben, sonst drohen wir unmerklich im anonymen Rentnerkollektiv zu versinken. Und dort verlieren wir unsere Identität und werden nicht mehr als ebenbürtiger Mitmensch wahrgenommen und behandelt. Der nächste Schritt wird dann sein, dass wir die Schaukeln vom Spielplatz klauen – was japanische Rentner vor kurzem getan haben.

Ich will vermeiden, ein Mitglied dieser großen Gruppe älterer Mitbürger zu werden, die sich überall vordrängeln und alle Plätze belegen. Da ist das Risiko nämlich groß, am Ende als schmarotzender Rentner beschimpft zu werden.

58

EIN BISSCHEN FARBE

An meinem 50. Geburtstag habe ich alle Krawatten entsorgt und gegen fröhliche rote Fliegen eingetauscht. Der Grund dafür war, dass ich keine Lust mehr auf den Anblick des traurigen, grauen Typen im Spiegel des Aufzugs hatte. Die rote Fliege brachte mich dazu, mein Spiegelbild anzulächeln, und das tue ich heute noch.

Manchmal sage ich dem Spiegelbild: „Ich bin ein Mann im besten Alter und bin das schon immer gewesen," wie Astrid Lindgrens *Karlsson vom Dach*. Das fühlt sich viel besser an.

Außerdem lächeln mich seitdem immerzu Leute an, wenn sie mich mit der roten Fliege sehen, und sagen sogar etwas Nettes und Freundliches. Und ein Lächeln kann ansteckend sein. Das macht gute Laune und begleitet einen durch den Tag. Eine kleine Investition, die lange Früchte trägt.

Es ist eigentlich ganz einfach. Lächelst du, wird dir ein Lächeln begegnen. Wenn man glücklich aussieht und lächelt, geht man aufrechter – ich zumindest – und mit geradem Rücken. Lächelnd und mit geradem Rücken durchs Leben zu gehen, ist der richtige Schritt auf dem Weg, um ein glücklicher Rentner zu werden.

In der Familie

59

FRÖHLICH IM KREIS DER FAMILIE

Es ist nicht immer leicht, diese Fröhlichkeit auch in der Familienstruktur aufrechtzuerhalten. Dafür gibt es zu viele Fallstricke und alte Rollenmuster, die du hinterfragen solltest – am besten, bevor es deine Kinder und deine Ehefrau tun.

Vergiss nicht, dass deine erwachsenen Kinder nicht immer dasselbe wollen wie du, und dass auch deine Frau vielleicht ihre eigenen Vorstellungen hat. Du musst weiter an der Familiengemeinschaft arbeiten, indem ihr schöne Sachen gemeinsam unternehmt und du den Ansichten der anderen Familienmitglieder gegenüber offen bleibst. Richte deinen Blick nach vorn und sei großzügig, unsere Generation kann sich das nämlich leisten.

Achte auf deine Wortwahl. Ausdrücke wie „heutzutage" oder „zu meiner Zeit" haben die ausgeprägte

Eigenschaft, dich von deinen Kindern zu entfernen. Auf diesem Ohr sind sie nämlich taub. Es ist ein riesiger Unterschied, ob man die Vergangenheit annimmt oder in ihr stecken bleibt. Was bedeutet überhaupt „zu meiner Zeit"? Jetzt ist doch auch deine Zeit, es ist also eure gemeinsame Zeit.

60

HÜTE DICH VOR SELBSTMITLEID

Nichts ist schrecklicher als ein Mann, ein Vater oder ein Freund, der in Selbstmitleid versinkt. Natürlich gibt es auch Umstände, in denen du allen Grund hast, dich selbst zu bemitleiden und wirklich zu bedauern bist, aber lass das die anderen zuerst aussprechen.

Jeder Mensch tröstet gern ein trauriges Kind, aber nur die wenigsten einen alten Mann, der vor Selbstmitleid zerfließt. Wenn du anfängst, dauernd zu klagen, wird es in deiner Umgebung sehr bald öde und leer sein und dann hast du wirklich einen Grund, dich zu bedauern. Denn dann bist du verloren.

Selbstmitleid ist häufig nur eine Frage der Wortwahl. Ein einziges falsches Wort kann mitunter einen Prozess in Gang setzen, der nur schwer aufzuhalten ist und den du später bereuen wirst. Aber dann ist es schwer, das verlorene Vertrauen wiederzugewinnen, weil du deine Würde verloren hast. Und die ist wichtig, damit du respektiert wirst oder dein eigentliches Ziel erreichst: ein glücklicher Rentner zu werden.

61

IMMER EINEN PICCOLO IM KÜHLSCHRANK

Das ist ein wirklich guter Ratschlag. Ich habe immer ein paar Piccoloflaschen Champagner im Kühlschrank. Die kann ich jederzeit schnell hervorzaubern, um die Stimmung aufzulockern, auch an einem grauen Montagnachmittag oder nach einem unerfreulichen Missverständnis. Piccolos sind ideal, denn eine ganze Flasche macht man nicht mal eben so auf, wenn man nur zu zweit ist.

Wenn dir etwas anderes Gutes oder Leckeres einfällt, nimm das. Aber unterschätze nicht, was für eine große symbolische Kraft Champagner doch hat.

62

PROBLEME NUR TAGSÜBER LÖSEN

Ein weiterer, sehr guter Ratschlag ist es, abends keine größeren Probleme mehr anzusprechen und zu wälzen.

„Darum kümmern wir uns morgen", sage ich in der Regel, wenn meine Frau das vergisst und ein schweres Thema aufbringt. Am Morgen fällt es leichter, Probleme zu lösen. Außerdem erspart man sich allzu große Aufregung, die einem nur den Schlaf raubt.

Allerdings muss man am nächsten Morgen auch als aufmerksamer Gesprächspartner bereitstehen. Ansonsten funktioniert das nicht.

63

GEHT GLEICHZEITIG IN RENTE

Sonst ist der Spaß nur halb so groß. Ich war bereits seit zwei Jahren Rentner, als meine Frau in Rente ging. Wir lebten in dieser Zeit in zwei verschiedenen Welten und hatten eine unterschiedliche Auffassung von Zeit, was zu einigen Irritationen zwischen uns führte. In ihren Augen habe ich den lieben langen Tag nichts gemacht und hätte genauso gut putzen, Wäsche waschen und Essen kochen können.

Aber meine Zeit war in Wirklichkeit sehr knapp bemessen, denn ich war vollauf damit beschäftigt, mein neues Leben als freier Mensch zu organisieren. Unser Lebensrhythmus verschob sich und wir hatten getrennte Netzwerke, als hätten wir ein Doppelleben geführt.

64

ES IST ZU SPÄT, SICH SCHEIDEN ZU LASSEN

Das hättet ihr mit 50 machen sollen, wenn euch diese Frage schon damals beschäftigte. Jetzt ist es einfach zu spät. Mit 65+ hast du keinen Überschuss mehr, um das emotionale Kapitel zu schließen, das ihr gemeinsam geschrieben habt. Ein Scheidungskrieg wäre für beide Seiten eine Tragödie und die Gründe dafür liegen auf der Hand, vor allem wegen der Kinder.

Darum solltet ihr euch darauf konzentrieren, das gemeinsame Leben so angenehm wie möglich zu gestalten.

Außerdem: Deine Kinder werden sich mit großer Sicherheit von dir distanzieren, wenn du auf deine alten Tage mit deiner Familie brichst. Du riskierst die totale Isolation und Einsamkeit. Euer gesamter Besitz muss aufgeteilt und verkauft werden, die Wohnung, das Haus, das Ferienhaus.

Du wirst wahrscheinlich nicht einmal das Fotoalbum behalten dürfen.

Eine gute Ehe zeigt ihre Stärken im Alter. Wie ein Schwanenpaar, treu bis in den Tod, solltet ihr die letzte Lebensphase gemeinsam bestreiten.

In guten wie in schlechten Zeiten.

65

ABER ES NICHT ZU SPÄT ZUSAMMENZUZIEHEN

Wenn du alleinstehend bist und genug davon hast, dann ist jetzt definitiv der Zeitpunkt gekommen, das zu ändern. Ein älterer, alleinstehender Mann besitzt nach wie vor eine hohe Anziehungskraft, einfach, weil es von ihnen so wenige gibt, im Vergleich zu alleinstehenden Frauen.

Mit zunehmendem Alter wird es immer schwieriger, neue Kontakte zu knüpfen. Was hält dich also davon ab, deiner alten Jugendliebe, die erst kürzlich Witwe geworden ist, einen Besuch abzustatten? Ihr habt euch viel zu erzählen und eine Basis, auf der ihr aufbauen könnt – auch wenn das natürlich eine erhöhte Kompromissbereitschaft voraussetzt. Schließlich habt ihr beide bereits fast ein ganzes Leben ohne einander verbracht.

Im besten Fall kann es der Beginn einer ganz neuen Beziehung werden.

Oder ihr werdet gute Freunde für den Rest eures Lebens, was ja auch nicht das Schlechteste wäre.

66

DEINE „NEUE" ROLLE ALS VATER

Seit wir erwachsen sind, meine Kinder und ich, haben wir neue Rollen eingenommen. Die Kinder stehen mitten im Leben und ich sehe ihnen vom Rand aus zu. Sie tragen die volle Verantwortung für ihr Leben und haben viele Verpflichtungen, während meine Autorität sukzessive von meinem Alter unterwandert wird.

Darum müssen wir vor allem dafür sorgen, dass wir ein eigenständiges Leben führen. Alte und untätige Eltern können für erwachsene Kinder schnell zu einer mühsamen Angelegenheit werden. Dann schrumpfen wir in ihren Augen noch schneller als ohnehin schon. Und das ist wahrscheinlich das Schlimmste, was in der Beziehung zwischen Eltern und Kindern passieren kann. Kinder wollen nicht, dass die eigenen Eltern von ihnen abhängig werden.

Vor ein paar Jahren bekam ich ordentlich Zunder von meinen Töchtern, was mit einem Seufzer endete: „Papa, dir ist echt nicht mehr zu helfen!"

Das zwang mich dazu, meine Rolle zu überdenken. Was hatte ich denn falsch gemacht? Nun ja, ich wollte wahrscheinlich Dinge kontrollieren, ich hatte sie vielleicht auf Sachen hingewiesen, die mir wichtig waren, die aber für die jüngere Generation keinerlei Bedeutung haben, oder ich hatte sie vor Selbstverständlichkeiten gewarnt. Etwas in diese Richtung wird es gewesen sein.

Überdenke deshalb in Ruhe dein Verhältnis zu deinen Kindern. Wie könnt ihr eine angenehme Zeit miteinander verbringen und dabei die häufigsten Fallgruben vermeiden? Häufig ist es das Beste, etwas ganz Neues auszuprobieren und dabei neue, unbekannte Orte aufzusuchen. Bei uns zu Hause, das heißt in ihrer Kinderstube oder im Ferienhaus, sind die Rollen meistens seit Jahrzehnten fest zementiert.

Verhalte dich auch in ihren Wohnungen oder Häusern nicht so, als sei es dein Zuhause. Verblüffend viele Eltern öffnen bei ihren erwachsenen Kindern ungefragt Schränke und Schubladen und zünden Kerzen an oder pusten sie aus, ganz so, als sei es ihr Haus und ihre Verantwortung. Das kann sehr grenzüberschreitend und verletzend sein, vor allem für die Schwiegertöchter und Schwiegersöhne. Verhalte dich wie ein Gast, ein fröhlicher und unkritischer Gast.

Vergiss auch bitte nicht, dass ihr unterschiedliche Prioritäten setzt. Du bist nur noch die zweite Wahl oder vielleicht sogar nur noch die dritte Wahl, wenn sie ihre Samstage oder Sonntage planen. Das muss überhaupt nicht bedeuten, dass sie dich weniger lieben. Sie haben nur andere Prioritäten, müssen oder wollen andere Dinge erledigen oder erleben als du. Und wahrscheinlich werden sie von ihren Kindern in gleicher Weise beeinflusst und dirigiert wie du damals von ihnen.

67

ÜBUNG MACHT DEN MEISTER

In letzter Zeit habe ich bei meinen Besuchen den Kindern die Führung überlassen und mir jeden Kommentar verkniffen. Ich habe sie auch nicht ausgefragt, sondern erzählt, was bei mir gerade so los war – und es vermieden, Geschichten aus der Vergangenheit auszugraben.

Das wiederum setzt natürlich voraus, dass man auch tatsächlich erzählenswerte und unterhaltsame Dinge unternimmt. Das kann ein hervorragender Ansporn sein. Denn Ziel ist es nicht, glücklich zu wirken, sondern es auch wirklich zu sein.

68

LERNE DEINE KINDER KENNEN

Jetzt hast du ausreichend Gelegenheit, deine Kinder als Erwachsene kennenzulernen. Das ist für beide Seiten wichtig, bevor es zu spät ist. Ich bedauere es sehr, dass ich meinem Vater in dieser Weise nicht mehr begegnen konnte, weil er so früh starb. Zögere nicht, intensive Gespräche zu führen, du hast genug Zeit – wenn und wann sie es wollen. Es gibt für alles den richtigen Ort und die richtige Zeit. Es liegt an dir, den richtigen Augenblick zu nutzen.

Allerdings wird es scheitern, wenn du immer wieder auf alten Kamellen herumreitest. Deine Wahrheit ist nämlich nicht ihre. Am besten sehen wir alle ein, dass wir unvollkommen sind. Vielleicht gelingt es uns, gemeinsam neue Perspektiven für alte, tausendmal durchgekaute Fragestellungen zu finden. Nichts macht erwachsene Kinder so glücklich wie Eltern, die bereit sind, umzudenken und neue Aspekte für alte Probleme aufwerfen. Also nur Mut, überrasche sie!

69

BEI KLEINIGKEITEN HELFEN

Wenn ich mitbekomme, dass meine Kinder kleinere, praktische Probleme haben, biete ich ihnen meine Hilfe an. Jungen Menschen, die viel arbeiten und einen großen Bedarf an Kinderbetreuung haben, fehlt häufig die Zeit, Kleinigkeiten zu erledigen, wie zum Beispiel, das Auto zur Inspektion zu bringen. Da biete ich meine Dienste an und verbinde gleich einen kleinen Ausflug damit.

„Geht das denn ohne Termin?"

„Na klar, ich schiebe Sie kurz dazwischen."

Verblüffend oft bekommt man so etwas zu hören, weil jemand absagt und man vorgezogen wird. Vor allem wenn man ein glücklicher Rentner ist und den Leuten beim TÜV oder in der Werkstatt mit einem Lächeln auf den Lippen begegnet.

Wenn meine Kinder zum Flughafen müssen, fahre ich sie gern. So kommen sie schnell, bequem und billig zum Flieger und mir bleibt eine gute Stunde für ein Gespräch mit ihnen. Das nenne ich *quality time.*

Außerdem steigt durch meinen Einsatz die Wahrscheinlichkeit, dass sie mir bei ihrem nächsten Besuch bei Computerproblemen helfen.

70

FINGER WEG VON GROSSEN PROBLEMEN

Misch dich bloß nicht in die großen Probleme deiner Kinder ein. Die müssen sie selbst lösen und dabei können wir ihnen nicht wirklich helfen. Vergiss nicht, dass sie erwachsen sind und ihr eigenes Leben führen.

Zu großes Engagement endet oft in einem Konflikt. Du riskierst, dein Gleichgewicht und deinen Schlaf zu verlieren, und dann wären alle meine Ratschläge umsonst gewesen.

Wenn sie eine Lösung gefunden haben, kannst du dich mit Kleinigkeiten bestimmt wieder nützlich machen.

71

ANDEREN GEHT ES SCHLECHTER

„Noch einen Schritt weiter und ich schlage dich tot!", drohte der junge Jan Myrdal seinem berühmten Vater mit erhobenem Stuhl.

So lief es in der wohl bekanntesten schwedischen Familie des 20. Jahrhunderts ab – zweifache Nobelpreisträger –, aber das passiert den meisten von uns zum Glück nie.

Familie Myrdal zeigt uns aber, dass jeder das Recht auf seine eigene Gefühlswelt hat, sowohl Eltern als auch Kinder. Darüber sollte man sich früh Gedanken machen, bevor sich das Verhältnis zu seinen Kindern eventuell verschlechtert. Als Eltern sind wir lange Zeit im Vorteil, darum sollten wir auch den ersten Schritt tun und Verständnis aufbringen, bevor es zu spät ist.

72

SEI GROSSZÜGIG!

Wenn sich zur Abendbrotzeit der alltägliche Stress in der jungen Familie ankündigt, dann bietet der glückliche und noch entspannte Rentner an, bei einem nahe gelegenen Restaurant etwas Leckeres zu holen. Und ich bezahle selbstverständlich, denn ihr Geld muss noch für tausend andere Dinge reichen. Mein Geld könnte ich gar nicht besser anlegen, als ihnen dadurch ab und zu ein bisschen unter die Arme zu greifen. Dass es so für alle entspannter wird, macht die Sache umso besser. Und es handelt sich auch nicht um große Summen, schließlich sehen wir uns nicht täglich.

Die Alternative ist, dass sie mein Geld erben, wenn ich tot bin. Aber dann habe ich nichts mehr davon. Es ist viel besser, mit warmer Hand zu geben als mit kalter.

UND: Nichts ist provozierender als Alte, die nichts tun und immer erwarten, von ihren Kindern eingeladen zu werden. Großzügigkeit ist ein Wunderheilmittel: Es macht innerlich und äußerlich schön, man wird mit Zufriedenheit und manchmal auch mit Dankbarkeit belohnt, man tut sich selbst damit einen Gefallen und verscheucht Falten, schlechte Laune und Herzrasen.

73

ZUR RICHTIGEN ZEIT SCHWEIGEN

Jetzt kommt das Schwierigste: zur richtigen Zeit schweigen. Das ist nämlich ein Zeichen wahrhaftiger Weisheit.

Ein Beispiel:

Mein Kind fährt mich nach meinem einwöchigen Besuch bei der Familie zum Flughafen. Wir haben noch ein Stück vor uns und sind spät dran, was ich aber mit keinem Wort kommentiere. Ich verhalte mich vorbildlich.

Vom Rücksitz aus kann ich sehen, dass die Tankanzeige rot aufleuchtet. Ich muss mir auf die Zunge beißen, um nichts zu sagen. Vorn auf den Sitzen wird fröhlich geplaudert, ich aber kann meinen Blick nicht von der Tankanzeige nehmen. Kurz darauf sind wir auf der Autobahn, und bis zum Flughafen gibt es keine

Tankstelle mehr. Es fällt mir immer schwerer, den Mund zu halten, aber ich sage kein Wort.

Endlich merken sie es selbst. Sofort entbrennt ein Streit zwischen den beiden, wessen Schuld es denn nun sei. Ich werde nicht mit in die Auseinandersetzung hineingezogen, und das ist die Hauptsache. Ich sehe aus dem Fenster und sage kein Wort. Wir fahren von der Autobahn ab, tanken und fahren weiter. Alles gut gegangen. Ich atme erleichtert aus.

Bei der Verabschiedung am Flughafen bekomme ich meine Belohnung:

„Papa, du bist so ein angenehmer Gast!"

Das macht einen doch einfach froh.

74

SEI ACHTSAM

Diese eine Woche hat eine ganze Menge Selbstbeherrschung erfordert, keine Frage. Ich habe sehr auf meine Wortwahl und mein Tun geachtet. Ich wollte alles vermeiden, was als Kritik aufgefasst werden könnte, und musste meinen Enthusiasmus ziemlich zügeln.

Rückfällig wird man leicht, denn die Kinder leben einfach ganz anders als ihre Eltern. Aber es war eine sehr gute Übung für meine neue Rolle als umgänglicher Vater und Schwiegervater. Und ich hatte eine tolle Zeit!

Aber es gibt einfach so viele alte Muster, die es zu verändern gilt. Das ist wohl der Sinn eines aktiven Lebens, dass man sich ständig verändert und in Bewegung bleibt.

Und Hand aufs Herz: Auch wenn die Kinder klein sind, ist es nicht leicht, sie zu beeinflussen. Mir ist das eigentlich nur ein einziges Mal gelungen.

Ich will eine Geschichte erzählen, denn diese lässt sich auch auf die Enkelkinder anwenden:

Glücklicherweise habe ich irgendwann erkannt, dass meine Kinder niemals das Lesen für sich entdecken würden, wenn ich ihnen ständig Bücher kaufe und davon in den höchsten Tönen schwärme. Stattdessen fing ich an, übers Jahr verteilt lauter Klassiker im Taschenbuchformat zu besorgen und diese im Haus herumliegen zu lassen, ohne ein einziges Wort darüber zu verlieren. Einige wurden in die Hand genommen und auch gelesen, andere nicht.

Ich erkannte, dass meine Methode geglückt war, als meine jüngste Tochter für die Schule ein Referat über den Dichter und Künstler William Blake anfertigen musste. Die Lehrerin war ganz begeistert und meine Tochter sehr stolz, dass sie sich aus eigenen Stücken für diesen Schriftsteller entschieden hatte.

Ich war klug genug, kein Wort darüber zu verlieren. Denn das Ergebnis übertraf meine eigenen Erwartungen um ein Vielfaches. Erst drei Jahre später wurde meine Taktik entlarvt, aber da hatte sie längst Früchte getragen.

75

DU MUSST NICHT ALLES HÖREN

Das erinnert mich an ein Gespräch aus meiner Kindheit.

Meine Großmutter unterhielt sich mit meiner Mutter. Sie wandte sich immer wieder an meinen Großvater, der im Sessel saß und Zeitung las. Er antwortete ihr nicht.

„Hört er schlecht?", fragte meine Mutter besorgt.

„Ach was, er hört nur, was er hören will."

Wie klug, finde ich heute.

76

DU MUSST NICHT ALLES KOMMENTIEREN

Das ist die beste Methode, um Konflikte mit deiner Frau, deinen Kindern, anderen Autofahrern und Unbekannten in Bus und Bahn zu vermeiden. Wir sind auf der Welt, um das Leben zu leben und nicht, um ständig alles zu kommentieren. Du sparst eine Menge Energie und gewinnst an innerer Ruhe.

Auf einer Reise durch Russland verbrachte ich ein paar Tage bei den Mönchen im Kloster Walaam auf der gleichnamigen Insel im Ladogasee. Während der Mahlzeiten war das Sprechen untersagt. Am Anfang meldete sich ein Kommentar nach dem anderen in meinem Kopf, ohne ausgesprochen werden zu dürfen. Zuerst fühlte sich das befremdlich an, aber mit der Zeit breitete sich eine große Ruhe in mir aus. Das war eine sehr lehrreiche Übung für mich.

Es ist äußerst erholsam, diesen permanenten Impulsstrom zu unterbrechen. Und es ist erholsam für alle, wenn nicht ständig gesprochen wird. Probiere es aus, warne aber vorher deine Familie. Sonst denken sie noch, du seist krank.

77

FERIEN AUF DEM LAND – LASS DEINE KINDER IN FRIEDEN

Wenn deine erwachsenen Kinder dich im Ferienhaus besuchen, sollte jeder Schritt wohlüberlegt sein. In der Hälfte aller schwedischen Familien kommt es laut einer Studie zu Konflikten, wenn mehrere Generationen unter einem Dach aufeinandertreffen.

Der häufigste Grund dafür ist, dass wir in unsere alten Rollen als Eltern und Kinder zurückfallen. Ein anderer Grund ist, dass es meistens zu eng ist und wir einander schon nach kürzester Zeit auf die Nerven gehen, vor allem wenn das Wetter schlecht ist und wir alle langsam dünnhäutig werden. Die Eltern kritisieren und tadeln und die Kinder streiten und geben Widerworte. Das endet meistens schrecklich.

Besonders schlimm ist es, wenn wir mehrere Tage oder sogar Wochen zusammen in einem kleinen und nicht immer besonders bequemen Haus verbringen wollen. Das kann auf die Stimmung drücken. Da fällt es einem schwer, ein glücklicher Rentner zu bleiben. Darum ist es eine weise Entscheidung, nach einer für beide Seiten zufriedenstellenden Lösung zu suchen.

Wir haben uns für Folgendes entschieden:

Wenn uns unsere Kinder in den Ferien mit ihren Familien in unserem Sommerhaus besuchen, verbringen wir die ersten Tage gemeinsam. Dann brechen meine Frau und ich auf und fahren zurück in die Stadt oder besuchen Freunde und kommen erst gegen Ende der Ferienzeit der Kinder ins Sommerhaus zurück. Auf diese Weise haben wir Gelegenheit, im Sommer Dinge zu unternehmen, die wir als Berufstätige mit begrenztem Urlaubsanspruch nicht so häufig machen konnten.

Und die jungen Familien können für sich allein sein und die tollen Sachen machen, die man auf dem Land erleben kann. Gleichzeitig lernen sie, Verantwortung für das Haus zu übernehmen, schließlich werden sie es eines Tages erben.

78

SPASS MIT DEN ENKELKINDERN

Kleine Kinder können unglaublich inspirierend sein. Durch sie erhalten wir noch einmal die Gelegenheit, in die magische Welt der Kleinkindfantasie abzutauchen – bevor wir selbst wieder zum Kind werden. Aber das funktioniert nur bis zu einer bestimmten Grenze und die musst du festlegen.

Natürlich sollst du hilfsbereit sein, wenn es zum Beispiel ums Babysitten geht. Ein Tag, ein Abend, sogar eine Übernachtung bereitet mir großen Spaß, aber eben nicht viel länger, denn das erschöpft mich zu sehr. Vor allem nicht mehrere Tage am Stück, wenn ich das gar nicht will. Denn unter diesen Umständen ist es sehr schwer, der glückliche Rentner und Opa zu bleiben.

Im Sommer ist es herrlich, mit den Enkelkindern allein zu sein, aber zwei Wochen sind wirklich mehr als ausreichend. Am Schönsten ist es, wenn alle Enkelkinder zusammen sind, ohne ihre Eltern, denn in neuen, ungewohnten Kombinationen sind sie meistens allerbester Laune. Omas Sommerferienlager nennen wir das. Es ist wunderbar, wenn sie anreisen, und ebenso wunderbar, wenn sie wieder fahren. Denn die Natur stattet uns Großeltern nicht mit übernatürlichen Kräften aus.

79

AUFGEPASST BEI KRANKEN ENKELKINDERN

In unserem Alter musst du dein Hilfsangebot zurückziehen, wenn die Enkelkinder krank sind. Die Infekte, die sich die Kinder in den Kindertagesstätten und Kindergärten holen, können für uns Ältere geradezu tödlich sein. Davor hat uns unsere Hausärztin gewarnt und sich damit bei den jüngeren Familien ziemlich unbeliebt gemacht. Aber ich glaube ihr und höre auf sie. Ein erkältetes Kind kann uns mehrere Wochen im Bett bescheren.

Die Fakten unterstützen ihre These. Ältere Menschen haben ein zehnfach höheres Risiko an einer Grippe zu sterben als Jüngere, fand das Gesundheitsministerium in einer Untersuchung heraus. Und kleine Kinder müssen sich etwa 30 Mal mit Erkältungsviren infizieren, bis ihr Immunsystem voll entwickelt ist.

Wie viele Erkältungen hältst du noch durch?

80

ENTDECKE NEUE FAMILIENMITGLIEDER

Die meisten von uns haben im Laufe ihres Lebens Familienmitglieder aus den Augen verloren. Das gilt vor allem für Cousins und Cousinen, die uns manchmal ganz nahe stehen oder ganz fremd sind. Dass es so ist, wie es ist, hängt häufig damit zusammen, welches Verhältnis unsere Eltern zu ihren eigenen Geschwistern hatten. Aber darüber wurde nicht viel gesprochen. Darum trifft uns auch keine Schuld an diesem Zustand.

Zögere nicht und melde dich bei ihnen. Das Zusammentreffen wird meist viel schöner, als du erwartet hast. Außerdem habt ihr viele Gesprächsthemen wie etwa eure Kindheit oder eure gemeinsamen Großeltern. Daraus können neue Beziehungen und Freundschaften entstehen.

Allerdings ist es manchmal auch ratsam, nicht über die Elterngeneration zu reden, denn dort lauern viele ungelöste Konflikte.

Es gibt keinen vernünftigen Grund, alte Familienfehden in die nächste Generation zu tragen. Das verlorene Sommerhaus bringt das auch nicht zurück. Es könnte doch ganz interessant sein, es sich nach so vielen Jahren wieder anzusehen, jetzt älter und klüger. Außerdem gewinnst du vielleicht einen ganz neuen Blick auf deine eigene Familie. Denn es gibt bei einem Familienstreit mit Sicherheit immer auch die andere Seite.

81

MEIDE NÖRGELNDE VERWANDTE

Es gibt Familienmitglieder, die ihre Probleme weder lösen können noch wollen. Im Gegenteil, sie scheinen sie unbedingt bewahren zu wollen, um endlos darauf herumzureiten. Sie sind zu ihrem Lebensprojekt und Zeitvertreib geworden.

Setz dich bei Familienfeiern möglichst weit weg von ihnen und lass dich nicht auf irgendwelche Diskussionen ein. Solltest du aber dennoch in ein Gespräch verwickelt werden, lächele sie an und erzähl etwas Lustiges. Sieh es als kleinen Wettkampf – den du auf jeden Fall gewinnen musst. Verliere auf keinen Fall die Fassung.

Ich verspreche dir, dass sie irgendwann müde werden.

Und wahrscheinlich findest du neue Freunde in der übrigen Verwandtschaft.

Großzügigkeit

82

GROSSZÜGIGKEIT IST ANSTECKEND

Mir begegnen viele Ältere, die sehr geizig sind und an allen Ecken sparen, vor allem bei Kleinigkeiten. Das habe ich auch getan und mache es auch heute noch. Aber was zählt, ist doch das Hier und Jetzt, wenn wir mit unseren Partnern, Freunden, Kindern und Enkelkindern zusammen sind.

Am geizigsten aber bin ich mir selbst gegenüber, im Großen wie im Kleinen. Der teure Wein zum Beispiel, den ich so lange aufgehoben habe, bis er schlecht war, den Kaschmirmantel, den ich nicht übers Herz bringe anzuziehen, die Schutzbezüge auf den Stühlen am Esstisch, die ich nie abnehme, oder die exklusive Reise, vor der ich nach wie vor zurückschrecke.

Ich habe immer Stolz darüber empfunden, dass ich meinen Kindern eines Tages etwas vererben kann.

Vielleicht ist das noch ein Überbleibsel, eine alte Tugend aus den Zeiten, als es noch kein soziales Netz gab. Und wer weiß, vielleicht kommen diese Zeiten einmal wieder?

83

MISSTRAUEN ABLEGEN

Misstrauen vergrößert deine Befürchtungen nur unnötig. Du musst nicht jedes Mal das Haus abschließen, wenn du in den Garten gehst oder schnell etwas besorgen willst.

Diese Jugendlichen dort drüben sind nicht an deinem alten Fahrrad interessiert.

Und dieser sonderbare Fremde auf der Straße will dir nicht deinen 14 Jahre alten Volvo klauen.

Und ich bin mir fast sicher, dass der Kellner dich mit der Rechnung dieses Mal nicht über den Tisch ziehen will.

84

REG DICH NICHT ÜBER ALLES AUF

Ich habe aufgehört, mich über alles aufzuregen, was mich früher störte. Sowohl was große Angelegenheiten als auch Kleinigkeiten betrifft. Das ist zwar nicht ganz einfach, aber genau genommen musst du nur den Entschluss fassen. Das verleiht dir innere Ruhe und das herrliche Gefühl von Nachsicht.

Lass die doch machen, denke ich stoisch.

Wenn ich durch die Straßen gehe, kümmere ich mich nicht um die anderen. Ich gehe meinen Weg und sie ihren.

Auch beim Autofahren rege ich mich nicht mehr über den Fahrstil der anderen auf. Ich lasse mich von niemandem mehr aus meinem Gleichgewicht bringen. Ich kümmere mich nicht mehr um die anderen, sondern schwimme im Verkehrsstrom mit.

85

KEIN GENERATIONEN-KRIEG

Das soziale Sicherungssystem Schwedens ist sehr gut ausgebaut. Das große Problem ist lediglich, dass es zu häufig missbraucht wird. Die Wirtschaftlichkeit dieses Systems wird nicht dadurch verbessert, dass wir Alten immer länger leben und vor allem immer mehr werden. Darum sollten wir vermeiden, mit den Jüngeren in Konflikt zu geraten, den sogenannten Generationenkrieg. Diesen Krieg können wir Ältere nur verlieren.

Für uns Rentner ist es wichtig, dass möglichst viele Junge arbeiten und Steuern zahlen. Je mehr arbeiten, desto stabiler ist unser Rentensystem, denn es sind schließlich die Jüngeren, die unsere Renten zahlen, so wie wir einst die Renten unserer Eltern erwirtschaftet haben.

Wir sollten deshalb alle wirtschaftlichen Umstände begrüßen, die unseren Kindern und anderen jüngeren Menschen die Arbeit erleichtern. Das ist keine Politik, das ist gesunder Menschenverstand, die jeder älteren Generation gut zu Gesicht steht.

86

ENERGIEDIEBE MEIDEN

Du bist frei und kannst auf alle taktischen Züge verzichten, die dich vorher gezwungen haben, zu schweigen oder Menschen beizupflichten, die du gar nicht ausstehen konntest.

Es gibt viele Neider und Missgünstige.

Und nicht alle wollen nur dein Bestes.

Jetzt kannst du endlich auf Distanz zu diesen Menschen gehen und dich von ihrem negativen Einfluss befreien. Am besten ist es, sie schnell zu vergessen und das nächste Kapitel aufzuschlagen. Sie sollten dir nicht deine gute Laune verderben.

Rache würde nämlich bedeuten, dass du dich auf ihr Niveau begibst, das du ja eigentlich verabscheust. Meistens macht das auch keinen Sinn. Sag dir, dass du sie wie eine schlechte Angewohnheit ablegst.

Du kannst auch die Argumentation einfach umkehren. Neid und Missgunst sind nicht mehr als die Anerkennung und Huldigung des Erfolges. Streitsüchtige Menschen leiden unter ihren Niederlagen und neiden dir deine Erfolge, die du selbst gar nicht so wahrnimmst oder sogar als selbstverständlich empfindest. Du könntest dich also auch darüber freuen.

Diese Erkenntnis sollte unmittelbar dazu führen, deinen Neid anderen gegenüber im Keim zu ersticken. Freue dich über die Erfolge deiner Freunde und Bekannten. Dafür wirst du belohnt, mit vielen Einladungen, fröhlichen Gästen, angenehmen Gesprächen und guten Weinen. Die Erfolge deiner Freunde sind auch deine.

87

LASS DAS UNKRAUT IN FRIEDEN

Das ist ein sehr wichtiger Rat für diejenigen von euch, die einen Garten oder ein Ferienhaus besitzen. In unserem Alter sollte man die Unkrautmenge begrenzen, mit der man den Kampf aufnehmen will. Denn es ist ein Kampf, den die meisten von uns bereits verloren haben. Ich betrachte heute den Löwenzahn in meinem Garten mit Gleichmut und das ist eine große Befreiung.

Lass das Unkraut in Frieden, das meine ich aber auch im übertragenen Sinn. Es wird Zeit, mit dem Klagen aufzuhören – über all das, was nicht so bleibt, wie es war, und was unwichtig ist. Du weißt schon, was ich meine.

88

DAS THEMA IST TABU

Es gibt Weltkonflikte, die unlösbar sind, weil beide Seiten recht und unrecht haben und einander unendlich hassen. Der Nahostkonflikt ist ein solcher. Das Thema ist tabu, auch mit deinen Kindern solltest du nicht darüber streiten. Denn das ist die sicherste Methode, um ein soziales Gefüge zu zerstören. Ich habe im Außenministerium gearbeitet, ich weiß es.

Religion ist ebenfalls zu einem vergifteten Thema geworden, aber ich habe mir einen guten Schachzug überlegt, den du anwenden kannst, wenn du unerwartet in eine Diskussion hineingezogen wirst und nicht mehr ausweichen kannst. Überrasche dein Gegenüber mit folgendem Standpunkt:

„Die Römer haben es besonders clever gemacht. Jedem Neuankömmling boten sie an, ihrem Gott in den römischen Tempeln zu huldigen. Man konnte ja nie wissen, ob man eines Tages einen Nutzen daraus ziehen würde."

Die alten Griechen waren übrigens auch nicht schlecht. In Athen hatten sie einen Altar mit der Inschrift „Für einen unbekannten Gott" errichtet.

Schließlich wusste man nicht mit Sicherheit, ob man wirklich schon allen Göttern begegnet war. Also, lasst uns so klug sein wie die Menschen der Antike.

Diese nützlichen Informationen habe ich in meinem Studium gelernt – und das auf meine alten Tage!

89

ORDNUNG WIRD ÜBERBEWERTET

Eigentlich ist es ganz einfach. Wenn du bis jetzt keine Ordnung auf deinem Schreibtisch hergestellt hast, dann wirst du es jetzt auch nicht mehr schaffen. Es ist also unnötig, dein Leben damit zu beschweren.

Nicht allen gelingt es, ihr Leben in allen Bereichen auf Vordermann zu bringen. Und du gehörst vielleicht zu dieser Gruppe, so wie ich auch. Am besten ist es, damit Frieden zu schließen.

Einige Fragen erledigen sich mit der Zeit von ganz allein. Dafür können wir dankbar sein. Der Papierkorb und die Delete-Taste sind wunderbare Werkzeuge im Namen der guten Sache. Also, schnapp dir den Karton mit der Aufschrift „Kann man noch mal gebrauchen" und wirf ihn ein für alle Mal weg!

90

HÄNDE WEG VON AUKTIONEN

Vor zehn Jahren „verbot" mir meine Frau, Auktionen oder Trödelmärkte aufzusuchen. Das ist mir nicht leicht gefallen, denn ich liebte diese „Schatzsuche". Aber in Wirklichkeit kam ich immer mit teuren Gegenständen nach Hause, für die wir keinen Platz hatten.

Diese Sehnsucht nach Auktionen und sinnlosen Gegenständen ist verschwunden. Ich habe meinen Frieden damit gemacht.

Stattdessen verkaufe ich jetzt selbst die überflüssigen Dinge aus unserem Haushalt und beobachte mit großer Überraschung die vielen älteren Menschen, häufig schon mit einem Bein im Grab, die auf den Trödelmärkten um die alten Sachen herumschleichen.

Ja, das kann dir schneller passieren, als du denkst. Also sei auf der Hut!

91

VERSCHENK DEINEN KREMPEL

Die meisten von uns haben im Laufe ihres Lebens viel zu viele Sachen angehäuft und geerbt. Jetzt ist es an der Zeit, sie abzugeben, an Kinder, Enkelkinder und Freunde, zu Weihnachten und an Geburtstagen. Das ist auf jeden Fall besser als Computerspiele, Klamotten, Kosmetik oder etwas anderes zu kaufen, von dem du ohnehin nichts verstehst. In der Regel kaufst du das Falsche und die Geschenke müssen umgetauscht werden.

Mach es so wie ich, dann sparst du dir Gedränge in den Geschäften und auch Geld, das du besser für andere tolle Sachen verwenden kannst. Was für ein Volltreffer: keine Geldausgaben und keine Sorgen!

Außerdem erleichterst du deinen Kindern so einiges, wenn du irgendwann diese Welt verlässt. Sie müssen sich um weniger kümmern und weniger aussortieren. Wir können doch sowieso nichts mitnehmen auf unsere letzte Reise. Das ist mit Abstand der beste Rat, den ich dir geben kann.

Alte Gegenstände werden in der Regel vom Beschenkten sehr geschätzt, denn vieles ist in der Zwischenzeit wieder modern geworden oder besitzt antiken Wert. Und wenn du dir nicht sicher bist, steck noch einen Geldschein in die alte Kristallvase.

Damit liegst du immer richtig.

92

ADIEU BRIEFMARKEN-SAMMLUNG UND CO.

Fast alle, die in den 1940er-Jahren geboren wurden, besitzen solche Sammlungen, die noch auf dem Dachboden oder in alten Kommoden vergraben liegen. Ich hatte eine Briefmarkensammlung, eine Münzsammlung und eine Märklin-Modelleisenbahn gelagert.

Nichts lässt sich so schwer verkaufen wie Briefmarken und Münzen.

Mir ist es dennoch gelungen, meine Briefmarkensammlung für ein paar hundert Euro zu verkaufen. Und es hat sich herausgestellt, dass die Münzsammlung wohl bei einem der zahlreichen Umzüge verloren gegangen ist. Das sind weltliche Dinge und ich weine ihnen nicht nach. Das Entscheidende ist, dass sie nicht mehr meinen Geist beschweren. Aber leicht ist es nicht. Die Märklin-Modelleisenbahn besitze ich noch immer.

93

DAS RICHTIGE AUFHEBEN

Ich besitze ein paar Dinge, die mir sehr viel bedeuten, vor allem weil sie Erinnerungen auslösen oder mich mit ihrem Geruch in die Vergangenheit tragen. So wie die berühmten Madeleines in Marcel Prousts Roman *Auf der Suche nach der verlorenen Zeit*.

Dabei handelt es sich meist um alltägliche Dinge ohne antiken Wert. Eine Pyramide aus Glaskugeln, eine Zuckerschale meiner Großeltern, ein altes Madeiraglas aus Studentenzeiten und die geschliffenen Teegläser aus meiner Zeit in Moskau.

Diese Gegenstände lösen großartige Erinnerungen in mir aus und ich will, dass sie das immer und immer wieder tun können.

Hüte sie wie deinen Augapfel.

Nützliches

94

EINE MONATSKARTE FÜR BUS UND BAHN

Bisher hatte ich mir immer eine Zehnerkarte für Senioren gekauft, aber die Folge war, dass ich mir eine Fahrt in die Stadt zweimal überlegte, nur um einen Fahrschein zu sparen. Oder ich vergrub mich im Zug hinter meiner Zeitung, damit mich der Schaffner nicht bemerkte.

Dadurch schränkte ich aber nicht nur meine eigene Mobilität ein, sondern entwickelte kleinliche Züge, die meine Persönlichkeit angriffen und mich frühzeitig altern ließen. Glücklicherweise erkannte ich diese Entwicklung früh genug, bevor ein größerer Schaden entstehen konnte.

95

NEUE WELTEN ENTDECKEN

Jetzt besitzen meine Frau und ich eine Monatskarte und können mit Bus und Bahn fahren, wann und wohin wir wollen. Wir steigen oft bei einer Haltestelle aus, die wir noch nicht kennen, und laufen von dort aus nach Hause. So lernen wir neue Gegenden kennen und müssen nicht an den immer gleichen Häusern in unserem Viertel vorbeigehen, was sonst zwangsläufig dazu führen würde, dass man gar nicht mehr vor die Haustür geht.

Und wenn wir keine Lust mehr auf Züge haben, dann nehmen wir eine der unzähligen Buslinien, die durch die vielen Wohnviertel unserer Stadt führen.

Das fühlt sich ein bisschen so an, als besäße man einen Diplomatenpass!

96

TOURIST IN DER EIGENEN STADT

Ein alter Freund von mir hat mich für ein Projekt begeistert, bei dem es um die Entdeckung aller Stadtviertel von Stockholm geht. Mit Reiseführern bewaffnet treffen wir uns frühmorgens und bewegen uns entgegengesetzt zum Berufsverkehr. Dann genehmigen wir uns Kaffee und belegte Brötchen in einer Bäckerei, die aussieht, als würde sie schon seit den 1950er-Jahren existieren. Manchmal kommen wir mit dem Besitzer ins Gespräch und erfahren eine Lebensgeschichte, die in einem längst vergangenen Schweden zu spielen scheint.

Wir schlendern durch verschiedene City-Center. Auf der Galerie eines neu eröffneten Einkaufszentrums trinken wir ein großes Glas Wein. Und das mitten am Tag – ein Spezialangebot für Rentner. Dabei beobachten wir Jugendliche, die in der Modeboutique im Erdgeschoss Klamotten anprobieren. Es ist aufregend, zu verfolgen, wer sich etwas kauft und wer nicht.

Dann ist es Zeit für eine knackige Bratwurst in einer urigen Kneipe und anschließend ruhen wir uns bei Zeitung und Zeitschriften in der Stadtteil-Bibliothek aus. Wir beenden den Tag mit Kaffee und Kuchen in einer anderen Bäckerei, ehe wir uns wieder auf den Heimweg machen.

Wenn ich den Schlüssel zu Hause ins Schloss stecke, habe ich das Gefühl, von einer mehrtägigen Auslandsreise zurückzukehren.

97

GRATISFREUDEN GENIESSEN

Das Leben unserer Kinder und Enkelkinder wird tatsächlich immer teurer, denn die meisten modernen Vergnügungen kosten Geld, viel Geld sogar. Ich weiß allerdings nicht, ob die Menschen deswegen glücklicher sind. Ich selbst werde es nicht, aber dazu äußere ich mich natürlich nicht.

Wir „Befreiten" haben unzählige Möglichkeiten, die guten alten schwedischen Gratisfreuden unserer Zivilisation zu genießen. Wir können selbstverständlich immer und überall spazieren gehen, Fahrradausflüge machen und in unserem kleinen Badesee schwimmen. Das morgendliche Bad ist immer wieder aufs Neue ein Erlebnis.

Ein anderes, spannendes Vergnügen ist es, im Wald Pilze zu sammeln oder Beeren zu pflücken. Über Stock und Stein auf eine Schatzsuche, die dich in deine Kindheit entführt. Außerdem ist es ein guter Sportersatz und heitert den dunklen Herbst auf. Und es ist ein Genuss, sich an einem Wintertag die gefrorenen Pilze aus der Tiefkühltruhe zu holen und mit Zwiebeln anzubraten.

Im Winter fahren wir fast jeden Tag Langlauf. Es ist ein großartiges Gefühl, langsam durch die Landschaft zu gleiten. Eine bessere Sportart gibt es kaum, denn jeder Muskel kommt auf eine ruhige und rhythmische Weise zum Einsatz. Und die Dusche danach ist eine wahre Freude. Anschließend darf man es sich guten Gewissens mit einer Tasse Tee und einem Buch auf dem Sofa bequem machen.

Schlittschuhlaufen ist ein anderes, fantastisches Naturerlebnis. In absoluter Stille an einem sonnigen Februartag an Inseln und Felsen vorbeizugleiten, ist eine existenzielle Erfahrung.

Es gibt also viele gute Gründe, sich nach dem Winter zu sehnen. Diese Erkenntnis ist auch für einen glücklichen Rentner wichtig. Denn es führt zu nichts, über Kälte, Dunkelheit und Schnee zu schimpfen. Das ist in unserem Land völlig sinnlos. Schließlich leben wir hier und nicht in der Südsee.

98

AUTOFAHRTEN SIND ABENTEUERFAHRTEN

Auf dem Weg zum Sommerhaus haben wir immer Hörbücher dabei. Das macht es viel leichter, sich sechs Stunden an die Straßenverkehrsordnung zu halten. Außerdem verstreicht die Zeit schneller. Wir erleben etwas gemeinsam und sind dann bei der Ankunft nahezu entspannt, weil wir nicht die ganze Zeit verkrampft im Auto gesessen haben.

Häufig legen wir auf dem Weg einen Zwischenstopp bei Freunden ein, so eilig haben wir es ja nicht mehr. Und es ist eine schöne Gelegenheit, alte Freundschaften wiederzubeleben.

Wir halten auch öfter an, um lokale Köstlichkeiten zu kaufen, wie Salzgurken in Kimstad und Krebse aus dem Vättern. Die Liste der Delikatessen wird immer länger und das Reisen macht mehr Spaß.

99

VERMEIDE DIE SECHS TODSÜNDEN

Wenn du meine Ratschläge bis hierher befolgt hast, wirst du automatisch die sechs klassischen Todsünden vermeiden: Neid, Zorn, Völlerei, Habgier, Wollust und Hochmut.

Aber sind es nicht eigentlich sieben Todsünden?

Doch, das ist richtig, und die siebte ist die Trägheit oder Gleichgültigkeit, aber mir fällt es schwer, diese für uns Ältere als Todsünde anzuerkennen. Wir müssen uns nicht mehr für das ganze Elend dieser Erde verantwortlich fühlen. Wir dürfen uns unsere Einsatzorte selbst auswählen und ein bisschen mehr Stoiker und Beobachter sein.

„Muss man denn immer etwas tun?", fragte mich ein alter Freund. Nein, muss man nicht. Aber man soll das Nichtstun genießen.

Krankheiten

100

GUTE LAUNE IST DIE BESTE MEDIZIN

„Klar, es ist einfach, aufgeräumt und zuversichtlich zu sein, wenn man gesund ist", höre ich jemanden einwenden.

Aber wenn man krank ist, wird es umso wichtiger, fröhlich und munter zu sein. Außerdem ist gute Laune eine sehr wirkungsvolle Medizin.

Ich weiß, wovon ich spreche, denn ich hatte Krebs, Herzprobleme und seit kurzer Zeit trage ich ein künstliches Hüftgelenk. Glück kommt und Glück geht, da ist gute Laune notwendiger denn je. Ich gebe zu, dass es eine große Herausforderung ist, schließlich sind Krebs und Herzprobleme massive Angriffe auf unser Leben und unsere Lebensqualität.

Aber es ist entscheidend, wie man damit umgeht, nicht wie es einem geht.

Meine Erfahrungen mit dem Krebs lösten bei mir vor zehn Jahren den Prozess der Selbstreflexion aus. Ich beschloss, alles auszuleben, mein Leben in vollen Zügen zu genießen und möglichst nicht zu klagen – also ein glücklicher Kerl und Rentner zu werden. Es ist besser, auf alles vorbereitet zu sein, als sich gegen alles zu versichern, denn das ist unmöglich. Sein Schicksal annehmen und nicht ablehnen und sich am Leben erfreuen.

Darum solltest du alles und jeden meiden, der sich in Krankheiten ergeht und uns nur Angst einjagen will, wie zum Beispiel die Boulevardzeitungen. Während ich das hier schreibe, lauteten die reißerischen Schlagzeilen: „Schlechter Schlaf führt zu Demenzsymptomen" und „Migräne – versteckter Schlaganfall?"

Und schon verwandeln sich eine gewöhnliche Müdigkeit oder Kopfschmerzen in eingebildete, tödliche Krankheiten und viele Menschen machen sich unnötige Sorgen.

Damit setzt häufig eine Abwärtsspirale ein mit Arztbesuchen und der Lektüre des Pschyrembel. Man muss damit aufhören, bevor es zu spät ist und die Gesundheit zur Vollzeitbeschäftigung mutiert. Die Sorgen halten dich nur vom Leben ab. Außerdem bin ich davon überzeugt, dass man von dem Glauben krank zu sein auch tatsächlich krank werden kann.

101

WAS TUN BEI KRANKHEIT

Meine Strahlentherapie zog sich den ganzen Frühling über hin. Meine Mitpatienten sahen alle nicht besonders froh aus, schließlich stirbt die Hälfte der Erkrankten an Krebs.

Deshalb war es für mich elementar, mich vor einer Strahleneinheit zum Squashspielen zu verabreden oder Skilaufen zu gehen. Mit roten Wangen kam ich in die Abteilung gerannt, manchmal noch mit dem Schläger in der Hand und den Sportschuhen an den Füßen. Oder ich war vorher mit Freunden bei einem schönen fröhlichen Mittagessen gewesen.

Natürlich war das Show, aber ich fühlte mich dadurch in Hochform und viele machten mir Komplimente, wie gut ich doch aussähe. Das tat gut und ich fühlte mich putzmunter und geriet so in eine Aufwärtsspirale.

Im Nachhinein kann ich getrost sagen, dass meine gute Laune – die ich unter großem Einsatz hervorgelockt habe – eine wichtige Rolle in meinem Heilungsprozess gespielt hat.

Es ist verheerend für dich und deine Umgebung, wenn du dich von deiner Krankheit runterziehen und sie zu einem Projekt werden lässt. Dann werden sich deine Freunde unweigerlich zurückziehen. Niemand spricht gerne über Krankheiten, am wenigsten über die anderer Leute.

Die Antwort auf die Begrüßung „Wie geht es dir?" sollte daher immer lauten: „Gut, danke!" Vergiss das nicht.

Leider halten sich viele Ältere nicht an diese einfache Grundregel. Dabei ist Impulskontrolle auch für ältere Menschen wichtig.

102

GRÄM DICH NICHT!

Mein Herzflimmern habe ich mir nach einer doppelseitigen Lungenentzündung eingefangen, die ich fahrlässig und stiefmütterlich behandelt hatte. Der Fehler war meiner und nur meiner, aber ich gräme mich nicht mehr darüber. Das würde mein Wohlbefinden beeinträchtigen und mich kränker machen. Mit den heutigen Medikamenten kann man Herzflimmern hervorragend behandeln, die notwendigen Verhaltensregeln sind leicht verständlich und einfach zu befolgen.

Ich habe auch ein paar Techniken gelernt, um mich zu beruhigen. Das funktioniert ganz gut. Und ist im Übrigen auch in anderen Situationen ein sehr nützliches Werkzeug.

103

BLEIB DIR TREU

Vor einiger Zeit hatte ich zunehmend Schwierigkeiten beim Laufen und Schlafen, denn Schmerzen in Hüfte und Bein hielten mich davon ab. Es stellte sich heraus, dass es eine Arthrose war und ich operiert werden musste, was ich sofort in die Tat umsetzte. Innerhalb von drei Monaten hatte ich eine neue Hüfte aus Titan – schon allein das Wort macht mich gesund und munter – und ich kann nun wieder laufen, ohne zu humpeln und ohne Schmerzen zu haben. Genau genommen laufe ich schneller als in den Jahren zuvor, denn ich will mich fit halten.

Es ist einfach großartig, dass es so viele Ersatzteile für uns Menschen gibt.

Eine Hüftoperation ist zwar ein großer Eingriff, aber mittlerweile zur Routine geworden. Doch sie verlangt vom Patienten einiges ab. Man muss danach ununterbrochen Übungen machen, aber bloß nicht zu viel auf einmal. „Die Übungen musst du selbst machen, nicht ich", sagte meine Krankengymnastin, als ich noch zusätzliche Termine bei ihr verschrieben haben wollte.

Ich musste mein geliebtes Squash und das Schlittschuhlaufen opfern, zwei schmerzhafte Verluste, die ich durch Golf ersetzt habe, dem Idealsport für Menschen mit Hüftimplantaten. Ich bin so froh, dass ich mich wieder uneingeschränkt und schmerzfrei bewegen kann. Fahrradfahren, Spazierengehen und Langlauf machen mir seitdem noch mehr Spaß, da ich jetzt weiß, dass sie keine Selbstverständlichkeit sind. Die physische Beweglichkeit ist wichtig, um in Form zu bleiben, denn eine gute Kondition ist eine immense Unterstützung, wenn du ernsthaft krank wirst. Und eine gute Kondition will gepflegt werden, du musst die ganze Zeit dranbleiben. Auf diesem Weg gibt es keine Abkürzung.

104

BIETE DER KRANKHEIT DIE STIRN

Auf den ersten Blick scheint diese Aussage eine Selbstverständlichkeit zu sein und das trifft auch bei Krebs zu, aber nicht bei Arthrose in Hüfte und Knien. Da scheuen viele vor einer Operation zurück oder halten sich zu alt für einen solchen Eingriff.

Das ist mir völlig unbegreiflich, denn das führt am Ende unweigerlich zur Behinderung und Bewegungsunfähigkeit, ganz zu schweigen von all den anderen Dingen, die man aufgeben muss. Damit schreibt man sich selbst ab, wird an den Rand gedrängt und beendet sein einziges Leben vorzeitig.

Wir dürfen nicht aufhören davon auszugehen, dass es gut ist, noch eine Weile mitzumischen. Es gibt keine Alternative zu Gesundheit und Munterkeit, solange wir noch alles selbst bestimmen können. Der Tag wird noch früh genug kommen, an dem das nicht mehr der Fall sein wird. Darum sollten wir Operationen wagen, die unsere vorherigen Fähigkeiten wiederherstellen können. Seien wir dankbar, dass es sich unsere Gesellschaft leisten kann, dasselbe Ziel zu verfolgen.

105

EIN PALAST DER ERINNERUNG

Viele Behandlungen und Operationen sind unangenehm und nehmen viel Zeit in Anspruch. Ich habe das schon ein paarmal mitgemacht. Man liegt stundenlang auf einer Trage und die Fantasie geht mit einem durch. Da benötigst du Autosuggestion, um die Ruhe zu bewahren.

Der Schriftsteller Lars Gustafsson erinnert am Anfang seines Buches *Palast der Erinnerung* an das Spiel aus der Antike, die Zeit mit einem Palast der Erinnerung zu füllen, also zu testen, an wie viel sich ein einzelner Mensch erinnern kann. In einer Zeit ohne Festplatten war das eine ernstzunehmende Herausforderung. Als Kranker und Bettlägriger hatte ich diverse Male großes Vergnügen an dieser jahrtausendealten Technik.

Und so funktioniert es:

Wenn ich im Krankenhaus auf einer Trage liege und auf meine nächste Behandlung oder Operation warte, bin ich aller Dinge beraubt. Dann setze ich diese Technik für den Palast der Erinnerung ein. Ich schließe die Augen und reise zurück in das Haus meiner Kindheit in Uppsala.

Langsam und methodisch rekonstruiere ich das Haus vor meinem inneren Auge, gehe von Raum zu Raum und mache eine exakte Bestandsaufnahme aller Gegenstände. *Nichts* darf vergessen werden, *alles muss* aufgenommen werden, auch der Inhalt der Schubladen und Kommoden. Es funktioniert nur, wenn man streng mit sich ist. Erst dann tritt dieser wohltuende, hypnotische Effekt ein. Man kann sich an fast alles erinnern, wenn man auf so einem Krankenhausbett liegt. Die Alternativen sind nämlich rar gesät und wesentlich unangenehmer.

Um bei dem Palastbau nicht von Ärzten und Krankenschwestern gestört zu werden, nehme ich eine Augenmaske mit. Dann kann ich mich besser konzentrieren und vergesse alles um mich herum, auch wenn ich merke, dass sie an mir herumdoktern. Das interessiert mich alles nicht, denn ich bin total beschäftigt.

Die Methode funktioniert so gut, dass ich es bisher nicht ein einziges Mal geschafft habe, meine Inventur zu beenden.

„So, Sie sind dann fertig!", sagt plötzlich jemand zu mir, als ich gerade den Schnellkochtopf aus Aluminium aus dem Jahr 1953 im Küchenschrank unten links wiedergefunden habe.

„Schon vorbei?", antworte ich ungläubig und richte mich überrascht auf, denn ich bin ganz woanders gewesen.

Auch das letzte Mal reichte die Zeit nicht für eine vollständige Inventur. Drei Stunden lag ich dort auf der Pritsche und hatte keinen einzigen beunruhigenden Gedanken. Wir haben tatsächlich die Kraft, uns selbst zu „hypnotisieren". Das ist ein echter Gewinn und Grund zur Freude. Ich wünsche allen einen eigenen Palast der Erinnerung.

106

GAR NICHT GEFÄHRLICH!

„Es ist gar nicht so gefährlich", sagt meine Frau immer. „Das Schlimmste, was passieren kann, ist, dass man stirbt."

Da gebe ich ihr vollkommen recht. Das ist eine hervorragende Methode, um seine Ängste zu bewältigen. Was kann ich schon ausrichten, wenn unser Rentensystem kollabiert oder unser Land von einer Seuche heimgesucht wird? Nicht viel. Jede Generation muss sich in der Regel mit einem großen Trauma auseinandersetzen. Die Zukunft wird es zeigen.

Ich erinnere mich noch an meine erste Elektroschock-Behandlung für mein Herz – ich war gerade betäubt worden und hatte Todesangst. Als letzter Gedanke schoss mir durch den Kopf:

„Wenigstens muss ich mich nicht mehr mit dem Finanzamt rumärgern."

107

DER TOD IST NICHT ÜBERALL

"My patients don't consider death as an option", sagte mein amerikanischer Arzt.

Wir Schweden finden diese Einstellung etwas übertrieben, aber sie hilft natürlich in schweren Situationen. Der Glaube daran, dass es gut ausgehen wird, ist eigentlich schon die halbe Miete. Einige Lügen heitern einfach auf.

Und das ist wichtig, denn das Älterwerden ist am Ende des Lebens doch eine Vollzeitbeschäftigung.

108

ES IST DEIN LEBEN

Je mehr Krankheiten man hat, desto abgehärteter wird man und desto stärker ist der Überlebenswille. Der Sinn des Lebens ist doch, das Leben zu genießen und die gute Laune zu bewahren. So einfach ist die Antwort auf die Frage nach dem Sinn des Lebens.

Im Leben geht es bergauf und bergab. Freue dich über die Höhepunkte, die Liebe, deine Kinder, genieße es, in der Morgendämmerung in einem Zelt in der afrikanischen Savanne, umgeben von Tausenden von wilden Tieren, aufzuwachen, eine verlorene Welt in Karelien zu entdecken oder Homer auf Odysseus' Insel Ithaka zu zitieren.

Ruhe in Frieden

109

RUHE IN FRIEDEN

Das ist mein letzter Ratschlag. Jeder Mensch hat seine Lieblingsgegend, seine Landschaft. Meine ist die bei Kivik in Österlen, im Südosten von Schonen, sozusagen Schwedens Antwort auf die Provence, wo das Meer, die Sandstrände, die Heide, einfach alles, unendlich scheinen. Aber nur einen halben Kilometer landeinwärts ist die Region dicht bewaldet und hügelig, hier findet man kleine Ortschaften mit Fachwerkhäusern, umgeben von Apfelhainen.

Überall stehen Zeugen aus der Bronzezeit: das Königsgrab von Kivik, das Großsteingrab Havängsdösen und die Steinsetzung von Ale.

Hier leben Menschen seit Menschengedenken und haben ihre Erinnerungen zurückgelassen. Meine Familie trifft sich hier jedes Jahr im Sommer. Meine Kinder haben zwischen den Wikingergräbern Radfahren gelernt. Die Landschaft öffnet uns den Blick auf das Leben hier auf Erden, wie es seit vielen Tausenden von Jahren gelebt wurde.

Die Jahreszeiten kommen und gehen. Der Rhythmus der Natur ist zu meinem eigenen geworden. In dieser Landschaft habe ich den Frieden gefunden, der mir so oft gefehlt hat. Und hier will ich eines Tages in Frieden ruhen.

Impressum

Für die deutsche Ausgabe:
Übersetzung: Kerstin Schöps, Berlin
Lektorat: Birgit van der Avoort, Havixbeck
Satz und Covergestaltung: Arnold & Domnick, Leipzig
Programmleitung und Produktmanagement: Susanne Klar, Christine Rauch
Druck und Bindung: Livonia Print SIA, Lettland

Die schwedische Originalausgabe erschien 2012 unter dem Titel *Handbok för glada gubbar* bei Bonnier Fakta.

1. Auflage 2015

ISBN: 978-3-7724-7404-0 • Best.-Nr. 7404